让 探 究自然发生

肖丽娜 主编

南方出版社
·海口·

图书在版编目(CIP)数据

让探究自然发生 / 肖丽娜主编. -- 海口 : 南方出版社, 2024. 12. -- ISBN 978-7-5501-9231-7

Ⅰ. G612

中国国家版本馆 CIP 数据核字第 2024XF9663 号

让探究自然发生
RANG TANJIU ZIRAN FASHENG

肖丽娜 ◎ 主编

责任编辑：胡胜丽
出版发行：南方出版社
地　　址：海南省海口市和平大道 70 号
邮　　编：570208
电　　话：0898-66160822
传　　真：0898-66160830
经　　销：全国新华书店
印　　刷：广东虎彩云印刷有限公司
版　　次：2025 年 1 月第 1 版
印　　次：2025 年 1 月第 1 次印刷
开　　本：787mm×1092mm　1/16
印　　张：20
字　　数：343 千字
定　　价：98.00 元

编 委 会

主　编：肖丽娜

副主编：刘小燕　　刘丽娜　　刘华敏　　刘淋淋
　　　　蒲小琴　　匡文贞　　胡金晶

参　编：张开箭　　谭　静　　邹丽瑶　　李贞一
　　　　黄　河　　徐巧玲　　冉丽霞　　涂亚玲
　　　　王　熙　　胡雪琴　　钟露晗　　彭　月

课程介绍

一、课程背景与定位

儿童有一百种语言，一百个想法，一百种探索世界的方式。2018年，在国家级课题《幼儿园自主探究课程的开发与实践研究》的引领下，我园开启了园本课程实践探索之路，以"自主探究课程"为载体，实现"会探究、会合作、会生活、会创造、会表达"的五会幼儿育人目标和"慧关爱、慧观察、慧反思、慧研究、慧创新"的五慧教师发展目标。近三年随着两项市级课题、三项区级课题的研究实践，贯彻《幼儿园入学准备教育指导要点》《幼儿园保育教育质量评估指南》等文件精神，自主探究课程不断推进与发展，落实"颗颗星星亮晶晶"的办园理念，初步形成以"自主游戏"、"自主学习"、"自主生活"为主要内容的"亮晶晶"课程体系。在自主中让每一个幼儿发现自己是独一无二的生命个体，让自信创造奇迹，让每个幼儿都闪闪发光。

本书是立足幼儿自主学习，以幼儿"发现问题与解决问题"为课程实施线索，不断地支持幼儿大胆体验和深入探索建构新经验而生成的园本课程。激发幼儿主动关注、积极参与、持续探究；关注幼儿已有经验、兴趣、学习方式；以幼儿感兴趣的问题为出发点，激发幼儿探究欲望，鼓励幼儿全身心投入到游戏化的课程中；深入观察、追随幼儿的脚步，分析、引导、支持幼儿持续探究活动。让幼儿站在课程中央，幼儿以探究者、主动学习者的身份成为课程主体，教师以观察者、引导者、合作者的身份成为课程的实践者。

二、课程理念

回归生活：教育要回归生活本真，充分利用幼儿周边生活资源，发挥家庭、社区资源的空间优势，让幼儿身边的一草一木、一砖一瓦都成为课程探究的内容。支持幼儿通过动手操作、亲身体验、细心观察、大胆探索等与真实生活链接，建构个性化、多元化的经验。

过程导向：陈鹤琴先生的"活教育"理论中强调教师要观察幼儿、认识幼儿、了解幼儿，组织幼儿进行看、听、说、摸、做等一切探究活动，再根据幼儿的兴趣、问题与发现进行不断调整，以充分支持幼儿探索体验。我园"亮晶晶"园本探究课程强调幼儿的探究过程，而不是现有知识。教师的主要任务不是向幼儿传授知识，而是为幼儿的探索与发现创造条件、提供支持，更加注重幼儿大胆探索与思考的过程。

三、课程价值

（一）加快幼儿教师专业化

我园是市级示范园，教师本身有一定专业理论与实践基础。六年前我园一直借鉴并使用统一的教师用书开展主题教学活动。由于借鉴高校研发的主题整合课程，教师照本宣科、依葫芦画瓢式组织活动的时候居多，根据幼儿兴趣与需要生成的教育活动极少。园本课程开发与研究中通过反思性课程实践，对课程进行严谨、深入、系统的思考，提升教师课程敏感性的同时，重塑教师的儿童观、课程观、教育观，促进了我园教师专业素养的提升。

（二）实现课程资源本土化

幼儿园课程资源应来源于幼儿现实生活，满足幼儿兴趣和发展需要。借鉴课程地域特色明显，但因地域差异，预设性强的特点不能真正地满足幼儿的需求。为进一步挖掘幼儿园周围自然和社会中的资源，满足幼儿各类活动需要的资源占比，通过课程改革与实践，我园对周围生活中丰富的课程资源进行了系统的专业调查，实现课程资源本土化目标。

（三）促进幼儿学习方式多元化

幼儿从来不是教师教会的，而是在大胆体验、探究、实验、互动交流中建构思维、迁移经验、丰富认知。园本课程中教师鼓励幼儿通过多种学习方式探究与解决问题。如：个体探究、小组学习、家园合作等；探究中表征方式也多种多样：身体动作表征、语言表征、图示表征等。幼儿在提出问题、实地参访、探索实验、操作中运用图表、符号、文字、图案、思维导图等表征记录探究的过程和发现，在小组学习中多次交流、协商、统计、汇总、反思，形成小组成果。学习方式的多元化促进幼儿建立有效的学习模式，并将其迁移运用到其他探索与实践中。

（四）养成幼儿良好的学习品质

幼儿每天会遇到或问到许多问题，这些问题是他们兴趣和需要的反映。摒弃传统的接受式教学，把告诉幼儿结果转变为支持幼儿通过积极探索、大胆体验、主动合作等方式寻求答案。结合我园的办园理念"颗颗星星亮晶晶"，依托以幼儿问题为导向的自主探究活动课程，支持幼儿深入探索建构新经验，养成幼儿良好的学习品质。

目　录

模块一　小班

案例1　大大小小 …………………… 2
案例2　水果来啦! …………………… 20
案例3　和纸箱玩游戏 ……………… 44

模块二　中班

案例1　小小自行车记 ……………… 62
案例2　嘿！面条 …………………… 86
案例3　垃圾分类小卫士 …………… 104
案例4　舌尖上的美食 ……………… 126
案例5　神奇泡泡 …………………… 144

模块三　大班

案例1　超级闪电电影工厂 ………… 170
案例2　哇！轻轨 …………………… 186
案例3　子弹快递 …………………… 204
案例4　布的秘密 …………………… 226
案例5　春天里，运动会 …………… 249
案例6　上学路上 …………………… 266
案例7　我的情绪小怪兽 …………… 284

模块四　亲子园

案例　"纸"想和你玩 ……………… 302

模块一

小 班

案例1　大大小小

案例2　水果来啦！

案例3　和纸箱玩游戏

案例1 大大小小

课程说明

吃水果时,总会有小朋友说:"我要大的!"日常生活中孩子们也总会说:"我三岁半了,我比你大,我是哥哥!"小班的孩子对于"大小"这一概念已经有了初步的认知。

"大与小"作为小班数学领域的重要活动内容,不仅局限于"比大小"。如何区分大小?怎么按大小进行排序?我们周围的东西会变大变小吗?有哪些方法可以让周围事物的大小发生变化呢?我们可以借助哪些工具呢?关于大小,孩子们有了一系列的疑问与好奇。

通过日常的观察和游戏,孩子们发现:大小不是固定不变的;有的东西会通过时间变大或者变小;有的东西可以通过搓、压、擀、揉、撕、锤、剪等外部动作变大或者变小。

《大大小小》的课程通过生活化的活动,引发了幼儿对于周围事物的关注,也引发了他们的好奇与探究之心。

一、课程目标

1. 能区分最大、最小,尝试按大小顺序进行排列。
2. 探索物体变大、变小的方法。
3. 感知自己在长大,体会成长的喜悦。

二、课程实施路径图或网络图

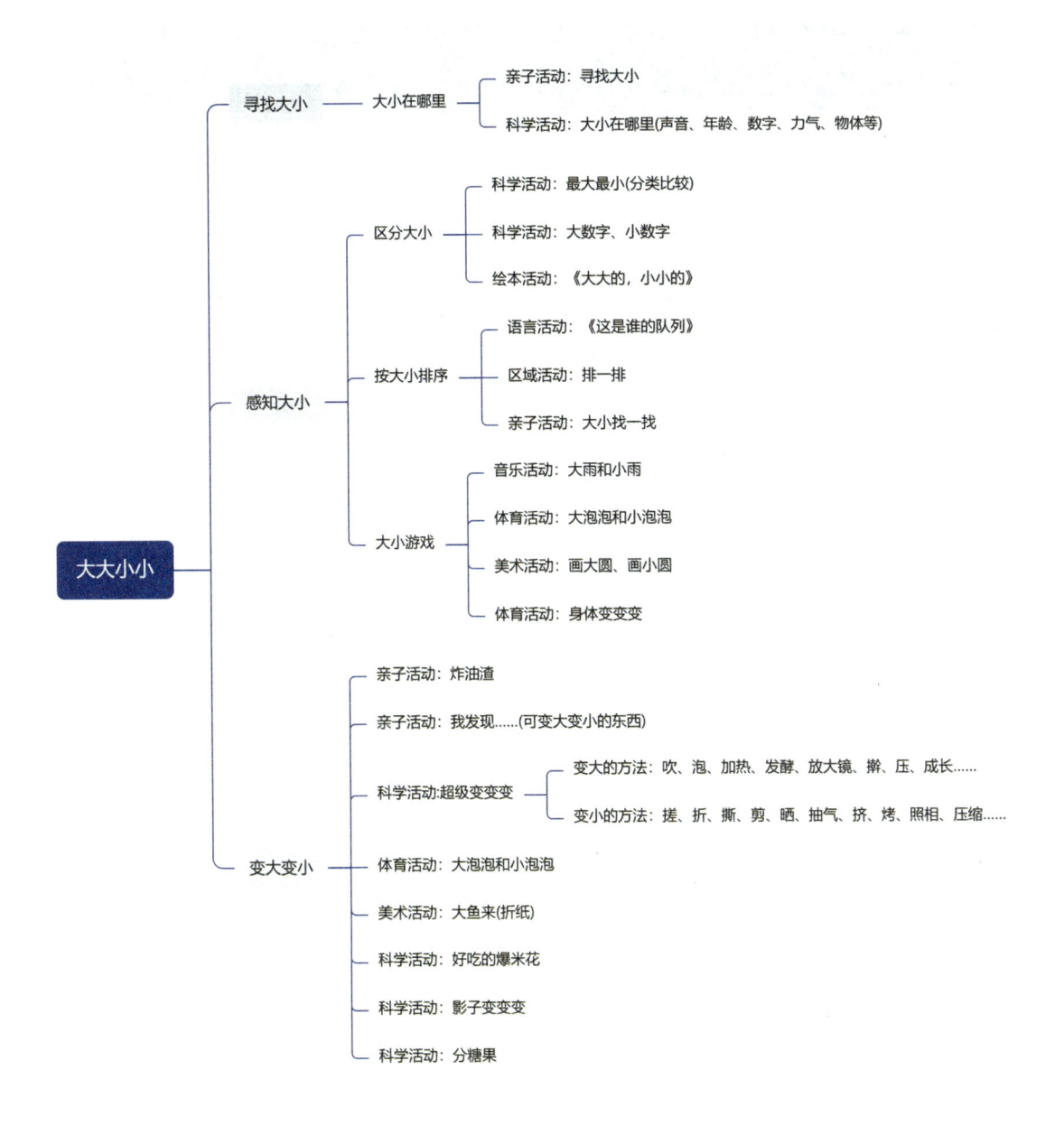

```
大大小小
├── 寻找大小 ── 大小在哪里
│   ├── 亲子活动：寻找大小
│   └── 科学活动：大小在哪里(声音、年龄、数字、力气、物体等)
│
├── 感知大小
│   ├── 区分大小
│   │   ├── 科学活动：最大最小(分类比较)
│   │   ├── 科学活动：大数字、小数字
│   │   └── 绘本活动：《大大的，小小的》
│   ├── 按大小排序
│   │   ├── 语言活动：《这是谁的队列》
│   │   ├── 区域活动：排一排
│   │   └── 亲子活动：大小找一找
│   └── 大小游戏
│       ├── 音乐活动：大雨和小雨
│       ├── 体育活动：大泡泡和小泡泡
│       ├── 美术活动：画大圆、画小圆
│       └── 体育活动：身体变变变
│
└── 变大变小
    ├── 亲子活动：炸油渣
    ├── 亲子活动：我发现……(可变大变小的东西)
    ├── 科学活动：超级变变变
    │   ├── 变大的方法：吹、泡、加热、发酵、放大镜、擀、压、成长……
    │   └── 变小的方法：搓、折、撕、剪、晒、抽气、挤、烤、照相、压缩……
    ├── 体育活动：大泡泡和小泡泡
    ├── 美术活动：大鱼来(折纸)
    ├── 科学活动：好吃的爆米花
    ├── 科学活动：影子变变变
    └── 科学活动：分糖果
```

小班自主探究课程《大大小小》课程网络图

三、课程计划

活动类别	活动名称	
集中教育活动	科学：大小在哪里 科学：大数字、小数字 美术：画大圆、画小圆 科学：最大最小 体育：大泡泡和小泡泡 体育：身体变变变 科学：变大啦 语言：《大大的，小小的》 语言：《这是谁的队列》	科学：好吃的爆米花 音乐：《大雨和小雨》 科学：分糖果 科学：影子变变变 科学：超级变变变（探寻变大变小的方法） 美术：大鱼来（折纸）
区域活动	娃娃家：大小变变屋 益智区：大小套一套、拧瓶盖	
亲子活动	探索活动：炸油渣	

四、集中教育活动教案

活动1：大小在哪里（科学）

活动目标：

1. 了解事物有大小之分。
2. 尝试比一比各种东西的大小。

活动准备： 音乐瓶、数字宝宝、各种大小不同的物品等

活动过程：

一、提问导入材料——展示

提问：小朋友们，你们觉得哪个大哪个小呀？

总结：同种物品有大有小，同类物品也有大有小。

二、体验探索

1. 幼儿分组体验，感知各种物品的大小，和小伙伴说一说。
2. 探索其他事物的大小。

提问：除了老师出示的物品有大小，还有什么东西有大小之分呢？

3. 幼儿寻找教室内各种不同大小的物品，并集体交流。

三、活动延伸

回家和爸爸妈妈找一找生活中不同大小的物品。

活动2：大数字、小数字（科学）

活动目标：

1. 认识数字1—5。
2. 通过比较，能找出比指令数字大或小的数字。
3. 体验成功找出数字的喜悦。

活动准备：带图的数字宝宝、小饼干

活动过程：

一、复习数字1—5

1. 熊大和熊二在分饼干，我们一起来看看它们是怎么分的。
2. 熊大有几块？可以用数字几表示？

3. 熊二有几块？可以用数字几表示？

二、比较大小

1. 谁多谁少？
2. 熊二的饼干比熊大少，它不高兴了，让妈妈再多给它一点，那现在我们再看看熊二有几块饼干了？可以用数字几表示？
3. 现在谁多谁少呢？（通过分饼干的情境复习数字1—5，并比较1—5的大小）

三、游戏：找数字

1. 教师介绍游戏玩法。
2. 幼儿从地上散落的数字中找出比指令数字大的数字，并把数字卡片拿在手上。
3. 教师发布口令，幼儿按口令游戏，教师观察指导。
4. 鼓励幼儿仔细听老师说的是数字几，是找比它大的数字还是小的数字。
5. 引导幼儿互相检查，看看小伙伴找对数字没有。

幼儿在游戏中找地上的数字

活动3：画大圆、画小圆（美术）

活动目标：

1. 欣赏名画并感知图画中大和小的相对概念。
2. 利用对大、小圆形的想象创作图画。
3. 乐于观看绘画形式的作品，喜欢涂涂画画。

活动准备：水彩笔、画纸、画笔

活动过程：

一、欣赏

1. 出示名画《蔚蓝的金色》，请幼儿欣赏。
2. 告诉幼儿这是画家米罗的作品，并简要介绍画家米罗及其作品特点。

二、说一说

1. 说一说画面上最大的圆形在哪里，并指出它的颜色。一个小圆和一个大一点的圆形用线条这样画一画，像什么？
2. 黄黄的颜色画的是夜晚的天空，天空里还有些什么呢？
3. 看到这幅画，你想到了什么？

三、创作

1. 在充分感受、体会作品后，请幼儿运用大圆、小圆等绘画元素来创作自己的"大大小小"。
2. 展示介绍。
3. 请幼儿介绍自己的作品。

活动 4：最大最小（科学）

活动目标：

1. 通过比较玩具，认识大与小的概念。
2. 初步尝试按从大到小或从小到大排序。
3. 体会与同伴分享玩具和交往的乐趣。

活动准备： 每个孩子收集一个玩具

活动过程：

一、和同伴比一比玩具的大小

1. 请幼儿介绍自己的玩具。
2. 和你身边的同伴比一比，谁的玩具大，谁的玩具小？
3. 分小组比一比玩具的大小。

二、请每个小组的幼儿将玩具展示在桌上

（一）小组排序

1. 如果要把玩具按照从大到小的顺序排列，可以怎么排？
2. 如果是按从小到大的顺序，怎么排？
3. 小组比一比最大和最小的玩具。

（二）集体排序

1. 选出每组最大的玩具在班集体前比较，哪一个玩具是最大的呢？
2. 选出每组最小的玩具在班集体前比较，哪一个玩具是最小的呢？

三、分享玩具

1. 想玩小伙伴带来的玩具，可以怎么说呢？
2. 学习使用礼貌用语"请你和我一起玩""请给我玩一玩，好吗？"等。

活动 5：大泡泡和小泡泡（体育）

活动目标：

1. 探究泡泡变大的方法。
2. 感受和同伴玩吹泡泡游戏的快乐。

活动准备：宽敞场地

活动过程：

一、热身运动

律动《吹泡泡》。

二、游戏：吹泡泡

（一）尝试和小伙伴合作变出泡泡

　　　两人一组，看哪一组变出的泡泡大。

小结：要变大泡泡，手和脚都要打开。

（二）多人合作变泡泡

1. 尝试多人一起合作变出更大的泡泡，集体玩吹泡泡游戏。
2. 全班的小朋友一起合作变泡泡。
3. 鼓励幼儿思考泡泡变大、变小的方法。

小结：人越多，吹出的泡泡越大；我们的身体越舒展，吹出的泡泡也越大。

活动 6：身体变变变（体育）

活动目标：

1. 尝试想办法将自己的身体变小、变大。
2. 体验身体变大、变小的乐趣。

活动过程：

一、谈话导入

1. 宝贝们，我们可以怎么将身体变小呢？

小结：蹲下、坐下、抱住……

2. 如何将身体变大呢？

小结：手、脚张开……

二、游戏：变大变小

1. 试一试：让自己的身体变大、变小。
2. 两个小朋友抱在一起，可以怎么变大或者变小呢？

3. 几个小朋友抱在一起，又怎么变大变小呢？

三、听指令游戏

1. 教师发布指令，幼儿根据指令变化身体。
2. 抬头挺胸张开手，扮个大巨人；缩起肩膀低低蹲，演个小矮人。

幼儿把自己的身体变大变小

活动7：变大啦（科学）

活动目标：

1. 对"泡"大的东西感兴趣。
2. 能将自己的实验结果记录下来。

活动准备：各种食材

活动过程：

一、食材介绍

老师准备了银耳、木耳、青菜、豆子、土豆。

二、猜想

1. 哪些东西可以变大？用什么方法变大呢？
2. 幼儿把自己的猜想记录在记录表上。

三、试一试

幼儿分小组实验,观察实验过程,并得出结论。

小结:木耳、银耳、豆子都可以泡大。

四、记录

幼儿将能够用"泡"的方法变大的东西或不能变大的画到相应的栏里。

幼儿分组实验　　　　　　　　幼儿记录实验结果

附:实验记录表

变大实验记录表	
记录人	
√（能泡大的物品）	
×（不能泡大的物品）	

活动 8:《大大的,小小的》(语言)

活动目标:

1. 理解感知大和小的含义,并运用不同的方法比较物体的大小。
2. 利用肢体语言感知表现"大""小"。
3. 体验与同伴游戏的快乐。

活动准备：

"大大的和小小的"作品图片、《大大的，小小的》大绘本

活动过程

一、图片引入，回顾《大大的，小小的》的故事

1. 出示作品图片"大大的和小小的"。
2. 你们还记得这是什么吗？
3. 看见这幅作品，你会想到哪个故事？

二、翻阅大绘本，教师和幼儿共同讲述故事

感知并理解同类物体大小的概念。

三、利用肢体语言和游戏感知、比较区分同类物体的不同大小

玩游戏"吹泡泡"，利用肢体语言表现所感受到的大圈和小圈。

活动9：《这是谁的队列》（语言）

活动目标：

1. 知道小动物是从小到大进行排列的。
2. 能够理解故事情节，并且猜想故事情节。

活动准备： 绘本《这是谁的队列》

活动过程：

一、阅读封面

请幼儿猜猜这是关于谁的故事。

二、猜想故事情节

1. 这是一个什么队列？
2. 它们排队要去干什么？
3. 它们是怎么排队的？
4. 你发现后面排队的动物有什么变化？

三、排队体验

幼儿把自己手中的物品按照从小到大或者从大到小的顺序进行排列。

活动10：好吃的爆米花（科学）

活动目标：

1. 知道"加热"可以使物品变大。
2. 对烹饪食物产生初步的兴趣。

活动准备：锅、做爆米花的材料

活动过程：

一、猜想

有哪些方法可以将玉米粒变大？

二、教师操作

老师也有一个方法将玉米变大，变成可以吃的东西。我们来看一看吧！

第一步：将锅加热，倒入油。
第二步：把玉米粒和糖放进油锅里。
第三步：等待爆米花形成后盛入盘中。

幼儿观察玉米变化过程

教师提醒幼儿观察玉米变化的过程，并提醒幼儿注意安全。

三、品尝

请大家来尝一尝，并说一说味道怎么样。

四、亲子任务

回家和爸爸妈妈一起试一试，观察还有哪些物品可以经过加热变大。

附：《超级变变变》亲子任务单

> 在之前的小调查中，我们发现很多东西都有大有小：一整颗大蒜是"大"，掰下一瓣就是"小"；一整个石榴是"大"，里面的石榴籽是"小"。原来，生活中有很多东西都是可以变大、变小的。气球吹气可以变大，水果切丁可以变小……
>
> 还有哪些东西可以变大或变小呢？什么方法可以让它变大变小呢？让我们一起来找一找做一做吧！

物品（画或者贴）	它会变（请在相应的圆圈上涂上颜色） 大　小	我是这样变的
物品（画或者贴）	它会变 大　小	我是这样变的
物品（画或者贴）	它会变 大　小	我是这样变的

活动 11：《大雨和小雨》（音乐）

活动目标：

1. 能用强弱不同的力度演唱《大雨和小雨》。
2. 大胆尝试用声音和动作来表现大雨和小雨。
3. 积极参与音乐活动，激发对音乐的喜爱和创造力。

活动准备：

物质准备：音乐《大雨和小雨》。
经验准备：活动前教师组织幼儿到户外观察大雨与小雨。

活动过程：

一、欣赏歌曲，感受大雨和小雨的不同

1. "今天我们来学一首好听的歌曲，请大家先来听一听吧。"（教师播放音乐，幼儿安静地欣赏一遍歌曲）
2. "音乐中下雨的声音真好听，它的名字叫《大雨和小雨》。"
3. "请你们再欣赏一遍，这一次你们要仔细听一听下大雨和下小雨的时候声音分别是怎么样的。"（教师第二遍播放音乐，幼儿回答）
4. 教师清唱。提问："听了老师唱的歌，你们发现下大雨和下小雨的时候有什么不同？"（启发幼儿用动作表现下大雨和下小雨的状态，及时肯定幼儿的动作）

二、学习歌曲，初步掌握歌曲节奏

1. 这一次我们一起来感受一下歌曲的节奏，大雨和小雨有什么不同？可以如何来表现？
2. 跟随幼儿创造的动作，带领他们反复熟悉音乐，学习唱曲。

三、音乐游戏：大雨小雨

"刚才你们的表现非常棒，我们做一个游戏，游戏规则是：唱到下大雨的时候声音大，唱到下小雨的时候声音小。"教师弹奏音乐，幼儿跟唱。

活动 12：分糖果（科学）

活动目标：

1. 探索把糖变小的方法。
2. 愿意在同伴前大胆讲述自己的想法。

活动准备：冰糖、剪刀、锤子等

活动过程：

一、出示糖果

1. 老师这里有 10 颗糖，但是大家都想吃，怎么办呢？
2. 有小朋友提出，可以将糖变小，这样数量就多了，那怎么变呢？

幼儿尝试用刀切糖

二、幼儿尝试操作

1. 你们想到了这么多将糖变小的方法，那我们一起来试一试吧！
2. 幼儿寻找材料，分组操作。

三、分享

分享将糖变小的方法。

幼儿尝试用剪刀将糖变小

活动 13：影子变变变（科学）

活动目标：

1. 探索影子变大、变小的方法。
2. 尝试表达让影子变大、变小的方法。
3. 有探索影子现象的兴趣和好奇心。

活动准备： 空旷的场地

活动过程：

一、激发幼儿对影子的兴趣

1. 你们见过影子吗？
2. 什么时候会有影子？

小结：当光线遇到不透明的物体时，物体挡住了光线，就会形成影子。

二、玩影子游戏，观察影子及变化

1. 请幼儿看看自己的影子是什么样的。
2. 请幼儿再找一找、看一看，还发现了哪些影子。
3. 它们是什么样子的？
4. 影子会发生哪些变化？为什么会变？怎样让影子消失？

三、延伸：玩手影游戏

五、区域活动投放材料及建议

娃娃家

名称：大小变变屋

投放材料：各种工具、蔬菜、水果

观察与指导要点：

1. 引导幼儿认识每种工具，并和幼儿说一说使用工具时的注意事项。
2. 幼儿探索各种工具的用法。
3. 让幼儿尝试使用手动榨汁机，必要时给予示范，帮助幼儿感受榨汁器的作用，分享榨出的水果汁。
4. 幼儿在操作前将水果洗干净，探索处理每种水果的适宜工具。

益智区

名称：大小套一套、拧瓶盖

投放材料：同心圆套、各种大大小小的瓶子

观察与指导要点：

1. 幼儿在选择材料时玩一种拿一种。
2. 教师观察幼儿比较多个物品大小的方法，分析幼儿对大小概念的掌握情况。
3. 教师提醒幼儿玩完后，及时整理并放好材料，养成良好的收纳习惯。

六、亲子活动教案

炸油渣

活动目标：

1. 探索将肥肉变小的方法。

2. 感受肥肉通过加热变小的神奇。

活动准备：肥肉、锅、白糖

活动建议：

1. 请幼儿先猜想将肥肉变小的方法，再和家长寻找材料进行验证。
2. 鼓励并支持幼儿的各种想法，不否定。
3. 幼儿用加热的方法试一试，注意用火安全。
4. 幼儿寻找还有哪些物品经过加热会变小。

幼儿炸油渣

七、班级环境创设

变大、变小过程记录

大大小小氛围营造

案例2 水果来啦！

课程说明

> 水果源于生活。生活中，孩子们每天都会接触水果，在幼儿园一日生活中，孩子也会吃到各种水果，心中也有自己喜欢的水果。对于水果的形状、颜色、味道，孩子们非常感兴趣。吃水果时会问，橘子为什么有汁？为什么有的水果是酸酸的，有的又是甜甜的？对于水果，孩子们有许多好奇。于是，我们追随孩子们的兴趣，开展了一系列围绕水果的探究活动。
>
> 在《水果来啦！》课程生活化的活动中，孩子们感受到水果与人类的生活息息相关，了解到水果对人类的重要性，并通过学习剥、削、切水果的技能，对水果进行了大胆的想象和实操，体验了水果变变变的乐趣。同时，发展幼儿初步探究的能力，帮助幼儿养成良好饮食卫生习惯并树立不乱扔果皮的环保意识。

一、课程目标

1. 了解常见的水果，知道水果的名称、特征，尝试对常见水果进行分类。
2. 感受水果对人类生活的重要性，树立不乱扔果皮的环保意识。
3. 学习剥、削、切水果的技能，大胆想象和操作，体验水果变变变的乐趣。
4. 通过品尝水果，养成不挑食的饮食习惯。

二、课程实施路径图或网络图

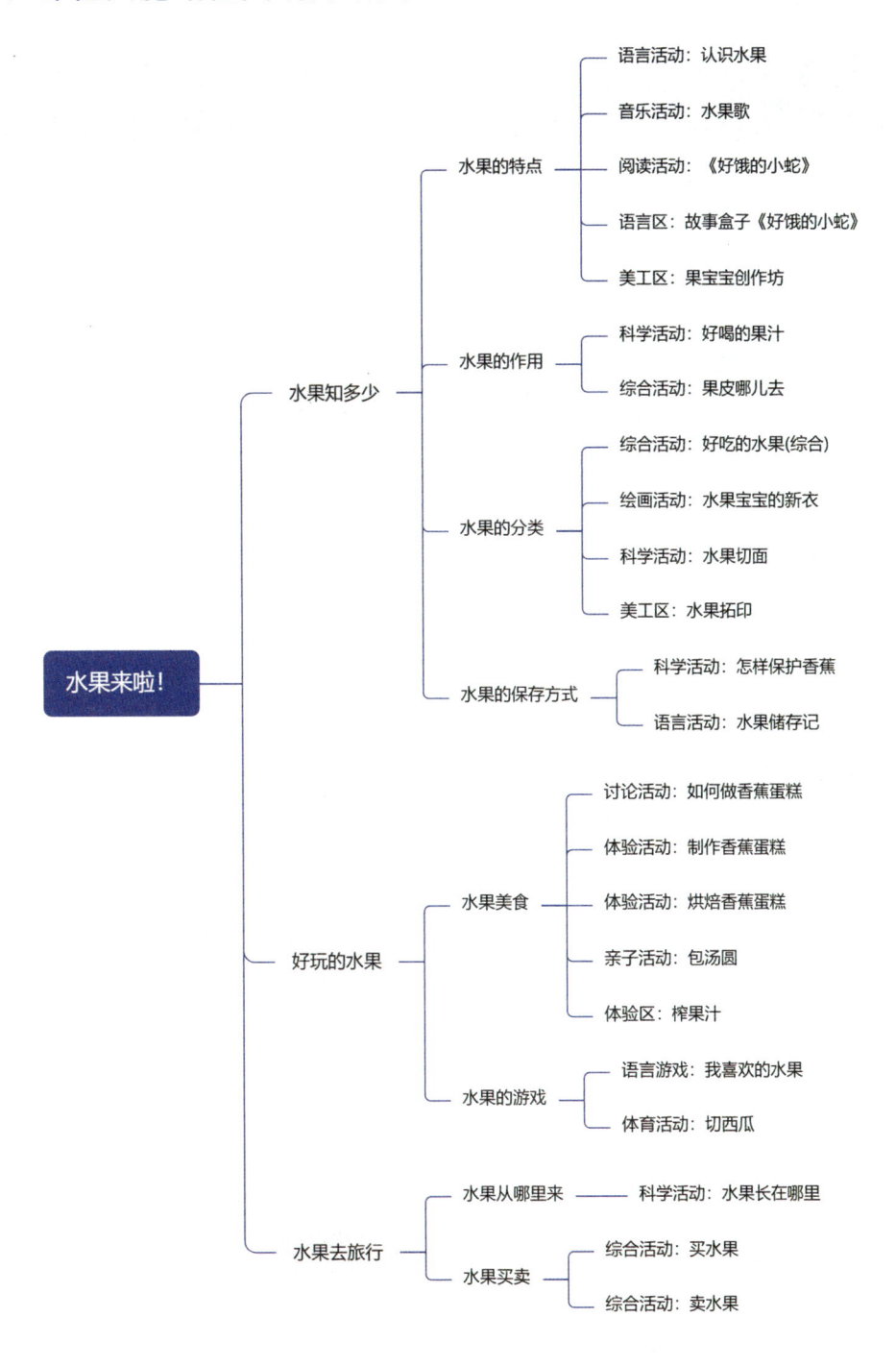

```
水果来啦！
├── 水果知多少
│   ├── 水果的特点
│   │   ├── 语言活动：认识水果
│   │   ├── 音乐活动：水果歌
│   │   ├── 阅读活动：《好饿的小蛇》
│   │   ├── 语言区：故事盒子《好饿的小蛇》
│   │   └── 美工区：果宝宝创作坊
│   ├── 水果的作用
│   │   ├── 科学活动：好喝的果汁
│   │   └── 综合活动：果皮哪儿去
│   ├── 水果的分类
│   │   ├── 综合活动：好吃的水果(综合)
│   │   ├── 绘画活动：水果宝宝的新衣
│   │   ├── 科学活动：水果切面
│   │   └── 美工区：水果拓印
│   └── 水果的保存方式
│       ├── 科学活动：怎样保护香蕉
│       └── 语言活动：水果储存记
├── 好玩的水果
│   ├── 水果美食
│   │   ├── 讨论活动：如何做香蕉蛋糕
│   │   ├── 体验活动：制作香蕉蛋糕
│   │   ├── 体验活动：烘焙香蕉蛋糕
│   │   ├── 亲子活动：包汤圆
│   │   └── 体验区：榨果汁
│   └── 水果的游戏
│       ├── 语言游戏：我喜欢的水果
│       └── 体育活动：切西瓜
└── 水果去旅行
    ├── 水果从哪里来 —— 科学活动：水果长在哪里
    └── 水果买卖
        ├── 综合活动：买水果
        └── 综合活动：卖水果
```

小班自主探究课程《水果来啦！》课程网络图

三、课程计划

活动类别	活动名称
集中教育活动	语言：认识水果　　　　　综合：果皮哪儿去 音乐：水果歌　　　　　　讨论：如何做香蕉蛋糕 科学：好喝的果汁　　　　体验：制作香蕉蛋糕 综合：好吃的水果　　　　体验：烘焙香蕉蛋糕 科学：怎样保护香蕉　　　综合：买水果 阅读：《好饿的小蛇》　　综合：卖水果 美术：水果宝宝的新衣　　科学：水果长在哪里 科学：水果切面　　　　　语言：水果储存记
游戏活动	体育活动：切西瓜 语言游戏：我喜欢的水果
区域活动	美工区：水果拓印、果宝宝创作坊 体验区：榨果汁 语言区：故事盒子《好饿的小蛇》 娃娃家：我的家
亲子活动	包汤圆

四、集中教育活动教案

活动1：认识水果（语言）

活动目标：

1. 认识两种水果，能准确说出两种水果的名称。
2. 通过观察，说出水果的颜色、形状、味道等特征。

活动准备：

水果实物、切好的果盘、神秘袋两个、神秘盒两个、牙签若干

活动过程：

一、出示神秘袋，了解水果外形特征

小朋友，老师这里有一个神秘的袋子，里面装的是好吃的东西。请你们用手摸摸，看装的是什么。

小结：是的，我们生活中有各种各样的水果，它们的外形也各有不同。

二、闻一闻

老师这儿还有两个漂亮的神秘盒，里边也装了好吃的，这次老师不要你们用手摸，要让你们用小鼻子闻一闻里边装的是什么。

老师请若干幼儿来闻一闻是什么水果，并拿出来验证。

三、尝一尝，了解水果味道

1. 接下来，让我们一起来品尝这些水果。
2. 请小朋友把品尝到的水果的味道分享给旁边的小伙伴吧！

结束活动：

小结：水果的外形各有不同，它们的味道也各有不同，每一种水果都有丰富的营养，小朋友们要多吃水果，不挑食哦！

活动 2：水果歌（音乐）

活动目标：

1. 愉悦地学唱歌曲，能按歌词内容做相应的动作。
2. 尝试用替换水果名称的方式创编歌曲。

3. 共同感受秋天水果丰收的喜悦。

活动准备：PPT、丰收场景

活动过程：

一、开始部分，进入丰收情境

1. 小朋友们，秋天到了，果园里的水果丰收了，我们开着火车去看看吧！
2. 果园到了，果园里的水果真多啊！看，谁来了？

二、基本部分

（一）通过提问，帮助幼儿熟悉四句歌词

1. 苹果宝宝长的什么样儿啊？
2. 如果咬上一口，味道怎么样？
3. 吃到嘴里香不香啊？
4. 苹果非常有营养，吃了我们身体会变得怎样？

小结：苹果圆圆的、红红的，非常美味，会给我们的身体带来丰富的营养。

（二）幼儿学唱歌曲

1. 教师念完整歌词，幼儿进一步熟悉歌词。"我们来听听儿歌里的苹果是怎么样的。"
2. 教师清唱一遍，幼儿欣赏。
3. 幼儿学唱三遍。

三、难点部分，幼儿自主创编歌曲

幼儿学习将别的水果替换到歌词中。

四、结束部分

小结：苹果圆圆的，红红的。小朋友，除了苹果还有什么水果是圆又圆的？我们一起来想一想吧！

附儿歌：

大苹果圆又圆，
咬一口甜又甜，
啊呜啊呜吃得香，
啊呜啊呜吃得香，
我的身体棒棒棒！

活动 3：好喝的果汁（科学）

活动目标：

1. 掌握用果珍粉做果汁的方法。
2. 能仔细观察果珍粉在水中的变化，并大胆说出自己的发现。
3. 体验自制果汁饮料的快乐。

活动准备：温开水，幼儿人手一把小勺、一份果珍粉

活动过程：

一、激发幼儿做果汁的兴趣

1. 今天小熊邀请我们去他家做客，你们愿意吗？那我们开着小汽车出发吧！
2. 教师出示一杯果汁饮料，引导幼儿思考制作果汁的步骤。
3. 今天小熊为我们准备了一份好吃的东西，我们来看看是什么。
4. 我们每人做一杯果汁饮料吧！怎么做呢？需要用到什么材料呢？

二、幼儿做果汁

引导幼儿观察和品尝果汁，并自己做果汁。

1. 先看看你们面前的杯子里有什么，是什么颜色的？喝一口尝尝有没有味道？

2. 再看一看小碗里有什么，什么颜色？
3. 有了这么多的东西，你会怎么做呢？果珍粉放到水里之后会有什么变化呢？现在请小朋友自己来做果汁吧！

小结：果珍粉放在水里通过搅拌很快就溶解了，小朋友们已经掌握了正确制作果汁的方法，以后我们还可以做给身边的朋友和家人品尝哦！

活动4：好吃的水果（综合）

活动目标：

1. 认识常见的水果，知道水果的名称。
2. 多形式感知并说出水果名称与水果的特征。
3. 尝试在集体面前表达自己的想法。

活动准备：认识并品尝过各种水果，苹果、梨、橘子、香蕉这四种水果的皮，盘子，纸盒

活动过程：

一、观察果皮，猜测水果名称，给水果娃娃配衣服

1. 这里有几件水果娃娃的衣服？
2. 它们是哪些水果娃娃的衣服？
3. 你是怎么知道的？

二、神奇的水果箱

摸一摸，猜一猜，箱子里面有哪些水果娃娃。

三、引导幼儿观察各种各样的水果图片

1. 你看到了什么？它是什么样的？

2. 你吃过什么水果？你是怎么吃水果的？你把果皮扔在哪里了？

小结：每种水果有不同的气味和外形，而且水果有各种营养，吃水果可以补充维生素，让小朋友长高、长结实。

活动5：怎样保护香蕉（科学）

活动目标：

1. 能积极地参与讨论，思考解决办法。
2. 愿意并尝试寻找各种方法保存香蕉。
3. 体验寻找办法的快乐和成就感。

活动准备： 香蕉

活动过程：

一、提出问题

1. 出示坏掉的香蕉的图片，引发幼儿思考香蕉为什么坏了。
2. 讨论怎样保存香蕉，引导幼儿思考办法。
3. 我们可以用哪些方法来保存香蕉？

二、引导幼儿根据提出的办法，寻找材料进行实验

你觉得哪种方法更好、更合适？

小结：小朋友们想到了各种保护香蕉的办法，这一次香蕉还会坏吗？我们一起期待几天后的答案吧！

孩子们探索保存香蕉的方法

活动6：《好饿的小蛇》（阅读）

活动目标：

1. 通过观察、猜测和想象，感知绘本生动有趣的内容。
2. 用恰当的语句描述物体的外形特点。
3. 体验集体阅读的快乐。

活动准备： 绘本

活动过程：

一、出示绘本封面，引导幼儿观察，激发幼儿的兴趣

二、教师逐页讲述故事，引导幼儿进行初步的想象

1. "好饿的小蛇在树林里扭来扭去，咦，它发现了什么？它会怎么做呢？"引导幼儿观察画面，对故事情节进行自由想象与表达。

小结：好饿的小蛇发现了不同的水果后，把它们都吞了下去，它的肚子也变成了这些水果的模样。

2. 好饿的小蛇发现前面有一棵大树，它会怎么做呢？

小结：好饿的小蛇不拒绝吃任何水果，连树也想吃下去，它太喜欢吃东西了，现在终于吃饱了。

三、完整欣赏，情节回顾

小朋友悄悄地把眼睛睁开，我们再一起看看小蛇刚刚吃了哪些东西。

小结：我们吃东西的时候要细嚼慢咽，不能像小蛇那样狼吞虎咽，一口就想把各种水果吞下去。

活动 7：水果宝宝的新衣（美术）

活动目标：

1. 选择自己喜欢的颜色给水果涂色。
2. 学习按要求涂色，并尝试整理绘画工具。
3. 体验涂色的乐趣。

活动准备：线描水果图案、油画棒、颜料、水彩笔

活动过程：

一、兴趣导入

水果宝宝想要穿上自己最漂亮、最鲜艳的衣服去参加生日派对，水果都有哪些颜色？

二、集体讨论水果宝宝的颜色

你想给水果宝宝穿什么颜色的衣服？选择什么绘画工具呢？

三、幼儿根据绘画工具分组创作

颜料组、油画棒组、水彩笔组。

四、作品欣赏

水果宝宝都穿上了不一样的新衣服，我们一起来欣赏它们都穿上了哪些漂亮的新衣服吧！

活动 8：水果切面（科学）

活动目标：

1. 认识不同水果直面、横切面的不同图形，建立水果与其切面的联系。

2. 欣赏不同水果切面图形的轮廓和花纹。

活动准备：苹果、杨桃、橘子、梨、猕猴桃、桃子等水果

活动过程：

一、欣赏水果切面，初步尝试将其与对应的水果匹配

小朋友们，你们知道这些是什么图片吗？这些都是水果切出来的图形，你们喜欢哪一个？

二、请幼儿大胆发言，讲述自己心中的想法

请你们来猜一猜，这些漂亮的图案是什么水果切出来的？

三、观察水果切面

1. 这些水果的横切面是这样的，那我如果把这个水果竖着来切的话，会不会和刚刚切出来的图形是一样的呢？一起试试看吧！
2. 你们觉得这个横切面切出来的水果像什么呢？直切面切出来的水果又像什么呢？

四、找水果

说一说你看到的水果图案像什么。

小结：水果切面实在是太神奇了，把水果切开会出现许多不同的图形和花纹，我们还可以回家和爸爸妈妈一起观察更多的水果切面。

活动9：果皮哪儿去（综合）

活动目标：

1. 知道不能乱扔果皮，养成良好的生活习惯。
2. 知道哪些果皮可以吃，哪些果皮不能吃。

活动准备：水果实物、垃圾分类图片

活动过程：

一、设置摔跤情景

你摔过跤吗？你踩到过果皮摔跤吗？

二、请幼儿根据自己的经验来说一说

你们平时在家里或者是在外面，吃完的果皮会丢到哪里呢？

三、讨论果皮是否都能吃

果皮能吃吗？哪些果皮能吃？哪些果皮不能吃？

垃圾分类

四、引导幼儿爱护环境，增强幼儿的环保意识

如果你们在路上或者是小区里面看到有果皮垃圾在旁边，应该怎么做？

小结：当小朋友们发现身边有果皮或其他垃圾，可以把它丢进垃圾箱，让我们营造一个卫生整洁的环境。

五、简单了解垃圾分类，认识四类垃圾桶

活动 10：如何做香蕉蛋糕（讨论）

活动目标：

1. 了解制作香蕉蛋糕的过程。
2. 结合生活经验，说说需要的工具。
3. 能围绕话题进行完整表述，激发探索制作香蕉蛋糕的兴趣。

活动准备：蛋糕图片

活动过程：

一、回顾生活经验

1. 出示图片，引发幼儿回顾并思考做蛋糕会用到哪些材料。
2. 你们喜欢吃蛋糕吗？你们知道蛋糕是用什么做的吗？

二、讨论

1. 如何制作香蕉蛋糕？
2. 我们可以用哪些材料来制作香蕉蛋糕？
3. 可以用哪些方法来制作蛋糕？引导幼儿想办法。

三、引导幼儿根据提出的办法，寻找材料

1. 现在，请你们去收集这些材料吧。
2. 你觉得哪种方法更好、更合适呢？

小结：小朋友们寻找到这么多材料，也知道了它们的使用方法，下一次我们就用这些材料和方法来制作美味的香蕉蛋糕吧！

活动11：制作香蕉蛋糕（体验）

活动目标：

1. 体验制作香蕉蛋糕的快乐。
2. 了解做蛋糕的材料和工具。
3. 尝试探索制作蛋糕的方法。

活动准备： 香蕉、面粉、鸡蛋、餐盘等器皿

活动过程：

一、回顾制作香蕉蛋糕需要的材料

小朋友们，还记得昨天我们讨论的制作香蕉蛋糕需要哪些材料吗？

二、讨论如何制作

你们知道怎样制作出香蕉蛋糕吗？

三、提出要求

1. 系上围裙，将手清洗干净。
2. 面粉不能对着自己或别人。
3. 调面时应当一点一点地加水。
4. 做完后要进行清洁整理。

四、幼儿进行操作，提醒幼儿注意清洁卫生

小朋友们，现在你们知道怎样操作才是正确的吗？

五、整理桌面，清洁地面

六、评价：小朋友进行制作过程分享

小结：我们尝试制作了香蕉蛋糕，下次我们再用更多的水果来制作美味的水果蛋糕吧！

活动12：烘焙香蕉蛋糕（体验）

活动目标：

1. 在了解蒸蛋糕的基础上，尝试用烤箱烘焙蛋糕。
2. 尝试运用方法将蛋糕变得更松软。
3. 体验自制蛋糕的乐趣。

活动准备： 烤箱

活动过程：

一、回顾制作香蕉蛋糕的过程

请小朋友说说之前是怎样做香蕉蛋糕的。

二、介绍新的烘焙工具：烤箱

三、讨论烤箱的使用方法和注意事项

1. 猜猜，烤箱和蒸锅做出的蛋糕会有什么不同？
2. 你是用什么方法来烤香蕉蛋糕的？
3. 在烤香蕉蛋糕的时候要注意什么呢？

四、幼儿进行烤蛋糕活动

1. 教师巡回观察、指导，提醒小朋友们在烤蛋糕的时候注意安全。
2. 收拾整理材料。

五、分享、小结

请小朋友介绍一下自己成功烤出蛋糕的过程。

小结：我们用之前讨论的方法成功烤制出美味的香蕉蛋糕，下次我们再烤出更多水果的蛋糕，邀请爸爸妈妈来一起品尝吧！

活动 13：买水果（综合）

活动目标：

1. 围绕"买"水果进行谈话。
2. 建立初步的"买"的概念。
3. 初步尝试制作购物清单。

活动准备： 白纸、水彩笔

幼儿在超市购买水果

活动过程：

一、回顾关于水果的课程

上一次我们一起做了美味的水果沙拉，你们还记得是怎么做的吗？

二、讨论平常吃的水果从哪里来，初步感知"买"的行为

你们知道我们吃的水果是从哪儿来的吗？

三、讨论

1. 买水果需要什么？
2. "买"的过程，需要注意什么？
3. 如何挑选水果？
4. 说说买什么水果，打算花多少钱。教师引导小组记录"买"水果的购物清单。

活动 14：卖水果（综合）

活动目标：

1. 能围绕"卖"水果进行谈话。
2. 尝试用小组的方式进行讨论。
3. 建立初步的"卖"的概念和预算意识。

活动准备： 白纸、水彩笔

活动过程：

一、小组回顾买了哪些水果

小朋友们还记得自己上次买到了哪些水果吗？

二、提出卖水果活动，并鼓励幼儿给小组取名

请小朋友们给自己的小组取一个好听的名字。

三、讨论如何售卖水果

1. 请小朋友们分组讨论卖水果需要注意什么，如何卖，在哪里卖。
2. 分组在周末和同伴一起卖水果。

四、小结

你卖了什么水果？怎么卖的呢？

活动 15：水果长在哪里（科学）

活动目标：

1. 了解几种常见水果的生长环境，区分长在树上和地里的水果品种。
2. 乐意操作，敢于表述自己的想法。

活动准备： 水果图片、葡萄及西瓜等生长视频

活动过程：

一、图片导入

1. 水果乐园里有许多水果，看看都有哪些。
2. 可是它们都找不到家了，我们帮它们找找自己的家在哪儿。

小结：苹果、橘子长在树上，草莓长在地里。

二、探索操作

1. 哪些水果是长在地里的？哪些水果是长在树上的？
2. 把长在树上的水果贴在上面的表格内，把长在地里的水果贴在下面的表格内。

3. 水果除了长在地里和树上，有没有长在别的地方的？
4. 葡萄长在哪里？观看视频，我们再去找找还有哪些水果像葡萄一样是长在藤上的，找到了告诉老师和小朋友。

三、小结

小结：水果有不同的生长方式，那有没有水果长在其他的地方呢？我们回家和爸爸妈妈一起试着寻找答案吧！

活动16：水果储存记（科学）

活动目标：

1. 喜欢在集体面前分享自己的储存记。
2. 在老师的提醒下，和小朋友们分享自己的储存记。
3. 认真倾听别人的发言。

活动准备： 幼儿水果储存记录单

活动过程：

一、谈话导入

过去一两周啦，你们储存的水果有变化吗？存储记录单内容包括：

1. 你保存的是什么水果？
2. 你用的是什么储存方式？
3. 你有观察它每天的变化吗？

二、幼儿分享

谁愿意来分享储存水果的变化呢？

小结：每个小朋友都用了自己想到的办法来保存水果，同一种水果使用不同的方法保存，水果的新鲜程度就会有所不同。

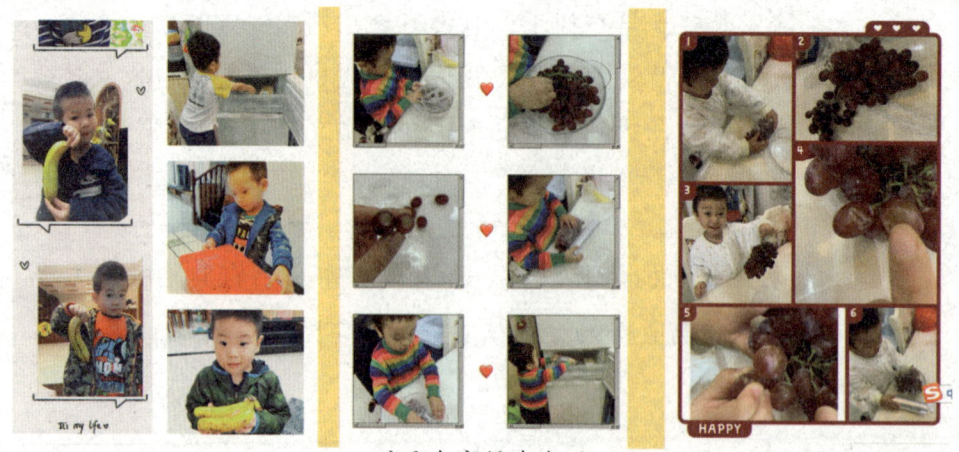

孩子在家保存水果

水果储存记录单：

水果名称	保存方式	我的记录						
		第一天	第二天	第三天	第四天	第五天	第六天	第七天

五、游戏活动教案

活动1：切西瓜（体育游戏）

活动目标：

1. 练习跑的动作，按信号做相应指令。
2. 愿意参加体育活动，体验与同伴奔跑游戏的快乐。

活动准备： 宽阔的场地

活动过程：

一、带领幼儿进入场地，进行热身活动

二、引出游戏

今天我们要一起玩"切西瓜"的游戏！我们先把儿歌念一遍吧！

三、讲解游戏玩法和规则

规则：做切西瓜游戏的幼儿必须按次序"切"。被"切"的幼儿必须等切西瓜的人说完"俩"字以后才能跑。两个幼儿要向相反方向跑，不应向同一方向跑。

四、多次游戏，教师指导

五、结束活动

带领幼儿进行放松活动。

活动2：我喜欢的水果（语言游戏）

活动目标：

1. 愿意参与游戏，感受集体游戏的快乐。
2. 尝试用完整句式表达对水果的喜爱。
3. 知道倾听别人的发言。

活动准备： "小猴子"玩具一个、水果图卡

活动过程：

一、出示水果图卡

1. 幼儿一一叫出名字，说出各种水果的特点。
2. 瞧！今天有好多水果宝宝来和小朋友做游戏，你们想玩吗？

二、复习"我喜欢××，因为××"的句式

三、学习新句式

1. 小朋友们除了刚才说到的水果，还有没有其他喜欢的水果呢？
2. 怎么在一句话里说出你喜欢的两种水果？谁来试一试？

四、教师示范

五、多次游戏

鼓励幼儿用完整语言表达。

小结：你们喜欢和水果宝宝的游戏吗？我们下次再和更多的水果宝宝做游戏吧！

六、各区域投放材料及建议

体验区

名称：榨果汁

新投放材料：新鲜水果、榨汁机

观察与指导要点：

1. 鼓励幼儿尝试用多种方法切水果。
2. 幼儿是否探索出手动榨汁机的使用方法。

美工区

名称：水果拓印

新投放材料： 切开的水果、颜料

观察与指导要点：

1. 幼儿是否能成功地用拓印的方法印画。
2. 能够有序地取放材料，不玩的材料先送回家再拿其他的材料。
3. 鼓励幼儿运用多种水果切面进行拓印。

语言区

名称： 故事盒子《好饿的小蛇》

投放材料：《好饿的小蛇》故事导图、水果图片、水果记录表单、印章

观察与指导要点：

1. 幼儿根据自己的经验来摆放故事导图。
2. 鼓励幼儿操作完成后进行记录。

幼儿用自己的方式记录发现

美工区

名称： 果宝宝创作坊

新投放材料： 水果宝宝、水果外形图、海绵、纽扣、颜料

观察与指导要点：

1. 鼓励幼儿用不同材料大胆进行水

幼儿给水果涂色

41

果艺术创作。
2. 引导幼儿大胆用色，综合运用多种材料创作。

娃娃家

名称：我的家

新投放材料：水果玩具、电动榨汁机、手动榨汁机、杯子、砧板、水果刀、烤箱

观察与指导要点：

1. 支持幼儿烘烤陈皮、晾晒陈皮的想法。
2. 幼儿运用多种工具进行水果美食制作。

孩子们晾晒的陈皮

七、亲子活动教案

包汤圆

活动目标：

1. 家长能配合小朋友一起包汤圆。
2. 包汤圆之前要洗手，能将包好的汤圆放到盘子里。

活动准备：

汤圆粉、锅、电磁炉、菜、盘子、刀、糖果、芝麻馅儿、巧克力

实施建议：

在制作过程中，应提醒家长尽量让孩子来包汤圆，可以让部分小朋友来体验洗菜和切菜，家长不要参与太多的工作，鼓励幼儿自己动手并将煮好的汤圆分享给其他小朋友。

八、班级环境创设

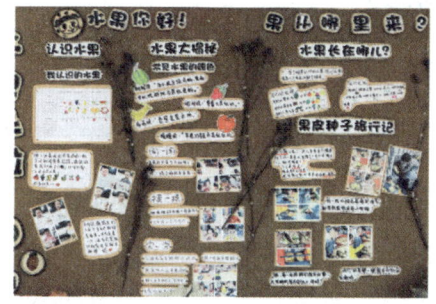

认识与玩转水果过程

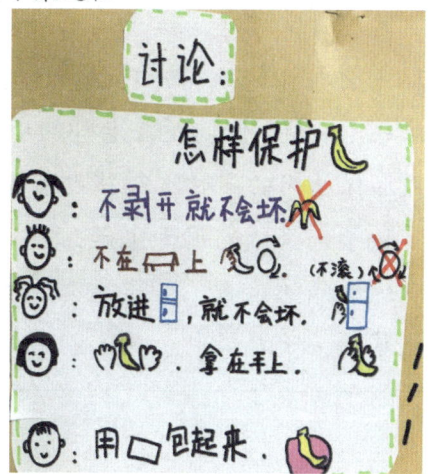

储存水果探究记录

43

案例3 和纸箱玩游戏

课程说明

> 纸箱在幼儿的生活中随处可见，纸箱属于低结构材料，它的包裹性、立体外形等特点能激发幼儿的无限想象，创造无限的游戏可能。
>
> 那么，纸箱是一成不变的吗？孩子们发现它们有大有小，有长有短；还比较轻巧，可以套，可以垒，可以折叠，也可以压扁，形态多变。
>
> 通过日常游戏，孩子们从玩封闭好的纸箱到玩半封闭的纸箱，再到玩完全打开的纸箱，玩法多种多样；孩子们还发现纸箱大小不同，玩法也不一样。他们还在老师的引导下将废弃的纸箱卖给废品收购站，养成环保意识的同时，对钱也有了初步的认识。
>
> 孩子们将纸箱用于生活，发现纸箱给生活带来了便利；在操作中感受玩纸箱的乐趣，并能想办法实现自己更多的创意；在和家长一起玩纸箱的亲子游戏中，孩子们也体会到父母陪伴的快乐。

一、课程目标

1. 在玩纸箱的过程中，对上、下、里、外等空间方位有所感知。
2. 将纸箱用于生活，发现纸箱给生活带来的便利。
3. 在操作中感受创意玩纸箱的乐趣，并能想办法实现自己更多的创意。
4. 在玩纸箱的亲子游戏中，孩子们也体会到父母陪伴的快乐。

二、课程实施路径图或网络图

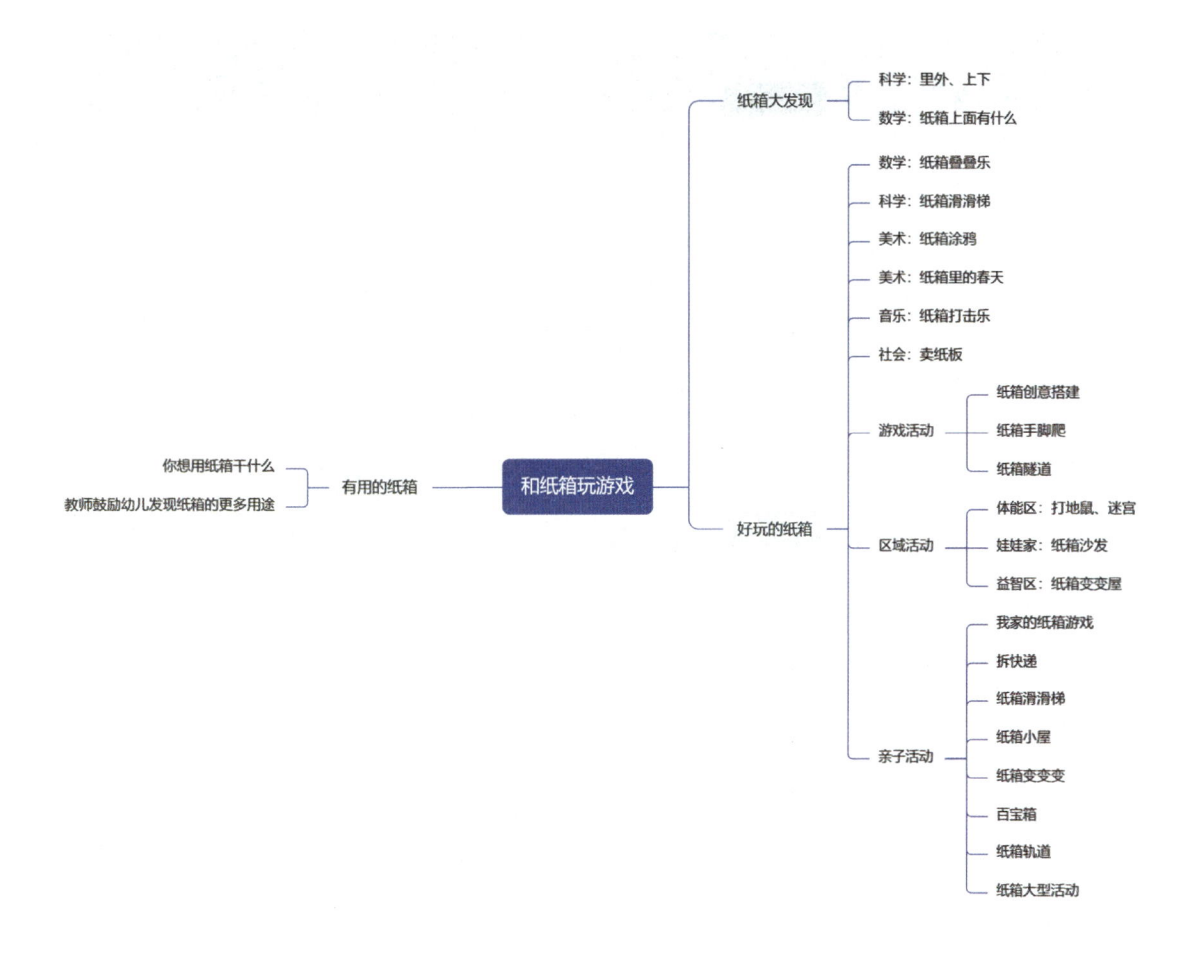

```
                                                            ┌─ 科学：里外、上下
                                              ┌─ 纸箱大发现 ─┤
                                              │              └─ 数学：纸箱上面有什么
                                              │
                                              │              ┌─ 数学：纸箱叠叠乐
                                              │              ├─ 科学：纸箱滑滑梯
                                              │              ├─ 美术：纸箱涂鸦
                                              │              ├─ 美术：纸箱里的春天
                                              │              ├─ 音乐：纸箱打击乐
                                              │              ├─ 社会：卖纸板
                                              │              │
                                              │              │            ┌─ 纸箱创意搭建
你想用纸箱干什么 ─┐                            │              ├─ 游戏活动 ─┤─ 纸箱手脚爬
                  ├─ 有用的纸箱 ─ 和纸箱玩游戏 ─┤              │            └─ 纸箱隧道
教师鼓励幼儿发现   │                            │              │
纸箱的更多用途   ─┘                            │              │            ┌─ 体能区：打地鼠、迷宫
                                              └─ 好玩的纸箱 ─┼─ 区域活动 ─┤─ 娃娃家：纸箱沙发
                                                             │            └─ 益智区：纸箱变变屋
                                                             │
                                                             │            ┌─ 我家的纸箱游戏
                                                             │            ├─ 拆快递
                                                             │            ├─ 纸箱滑滑梯
                                                             │            ├─ 纸箱小屋
                                                             └─ 亲子活动 ─┼─ 纸箱变变变
                                                                          ├─ 百宝箱
                                                                          ├─ 纸箱轨道
                                                                          └─ 纸箱大型活动
```

小班自主探究课程《和纸箱玩游戏》课程网络图

三、课程计划

活动类别	活动名称	
集中教育活动	数学：纸箱叠叠乐 美术：纸箱涂鸦 美术：纸箱里的春天 社会：纸箱大发现	音乐：纸箱打击乐 科学：纸箱滑滑梯 社会：卖纸板

45

续表

活动类别	活动名称
游戏活动	1. 纸箱创意搭建 2. 纸箱手脚爬 3. 纸箱隧道
区域活动	体能区：打地鼠、迷宫 娃娃家：纸箱沙发 益智区：纸箱变变屋
亲子活动	1. 我家的纸箱游戏 2. 拆快递 3. 纸箱滑滑梯 4. 百宝箱 5. 纸箱小屋 6. 纸箱轨道 7. 纸箱大型活动 8. 纸箱变变变

四、集中教育活动教案

活动1：纸箱叠叠乐（数学）

活动目标：

1. 通过叠高活动感知高和矮。
2. 探索将纸箱叠得更高的方法。
3. 体会与同伴合作游戏的乐趣。

活动准备：纸箱若干、凳子、记录单、笔

活动过程：

一、谈话导入

1. 大家觉得纸箱可以怎么玩呢？
2. 鼓励幼儿大胆表达自己的想法，并勇于尝试。

二、游戏：纸盒叠叠乐

1. 有小朋友说，可以叠高高，那我们就来挑战一下，看看可以叠得多高。
2. 鼓励幼儿自由探索叠高。
3. 讨论：你们叠了几个纸箱？为什么会倒塌呢？怎样才能让纸箱不倒呢？
4. 引导幼儿再次尝试并记录。

分享：说说叠纸箱的记录结果和感受。

附：纸箱叠高记录表

纸箱叠高结果记录 （鼓励幼儿画出用了几个纸箱）	
纸箱是否倒塌？	
倒塌后怎么办？	

幼儿玩纸箱叠高游戏

活动2：纸箱涂鸦（美术）

活动目标：

1. 用圆点、圆圈、线条大胆创作。
2. 尝试使用颜料作画。
3. 喜欢画画，对颜料创作感兴趣。

活动准备：

1. 水彩笔、调好的颜料、水粉笔、抹布。
2. 用纸箱制作的"房子""飞机""桌子"造型若干。

活动过程：

一、观察纸箱"房子"

1. 宝宝和小兔子用纸箱变出了大房子、飞机、桌子等许多东西。不过，他们觉得纸箱房子、飞机、桌子都不够漂亮。怎样才能让它们变得更漂亮呢？
2. 引导幼儿积极想办法。

二、创作纸箱

（一）欣赏米罗的作品

1. 出示作品《蔚蓝的金色》——这是一位叫米罗的艺术家的作品。我们来看看米罗都画了什么。
2. 米罗他是怎么画的？

小结：他运用了线条、圆点和圆圈来表达自己的想法。

（二）幼儿尝试

1. 今天我们就来学画圆点、圆圈和线条。（教师重点提醒幼儿注意：圆点娃娃身体很小；圆圈可以旋转绕；线条可以帮圆点、圆圈拉拉手，可以横着拉，可以竖着拉，也可以斜着拉。）

2. 幼儿分小组自由选择纸箱房子、飞机、桌子来作装饰，尝试合作创作，教师巡回指导。

三、涂色

1. 介绍涂画方法：颜料刷刷刷。
2. "房子""飞机""桌子"变得很漂亮，下面我来变魔法，让这些物体变得更漂亮。（教师蘸颜料在纸箱上涂画，边涂边念儿歌：水粉笔呀抓抓紧，颜料盘里亲一亲，再到"墙上"刷一刷，"墙面"刷得真漂亮！）
3. 幼儿回顾使用颜料的方法，并说说"魔法"是怎么变的？
4. 幼儿操作。

四、欣赏交流

活动3：纸箱里的春天（美术）

活动目标：

1. 在看一看、听一听中感受春天的色彩美。
2. 把收集到的春天植物与纸箱结合来创造艺术作品。
3. 萌发热爱大自然、热爱春天的情感。

活动准备： 纸箱、小朋友自己找春天的植物

活动过程：

一、分享收集的植物，引出主题

1. 刚刚我们出去找春天，你们找到了哪些春天的植物呢？
2. 从颜色和外形特征分享春天的植物特点。

二、创作纸箱里的春天作品

1. 纸箱朋友邀请植物一起做一件漂亮的作品，你们想怎么帮助它们？
2. 幼儿分享自己的创作想法，如纸箱花瓶、纸板画、纸箱宝箱等。
3. 幼儿创作。

三、集体交流，分享作品

小结：春天的颜色真多啊！有绿的、有红的、有黄的、有白的、有黑的……春天真美，老师爱春天，你们爱春天吗？

活动4：纸箱大发现（社会）

活动目标：

1. 通过观察，发现纸箱上有图案、符号、数字、标志等。
2. 知道纸箱上的图案、符号、数字、标志的含义。
3. 体验成功解决问题的喜悦。

活动过程：

一、问题导入

1. 请仔细看一看，纸箱上有没有小秘密？
2. 猜一猜这些图案、符号、数字、标志有什么作用。

小结：纸箱上的图案可以让我们知道里面装的是什么，数字表示里面物品的重量、编码、数量等。

二、游戏：送快递

1. 子弹快跑快递公司需要我们帮一个忙，把这些东西装进箱子里，并且封好箱子，不能让东西从里面掉出来。
2. 你发现了什么？有没有遇到问题？可以怎么解决？
3. 鼓励幼儿思考解决"送快递"问题的办法并付诸实践。

活动5：纸箱打击乐（音乐）

活动目标：

1. 探索让纸箱发出声音的办法。
2. 体会玩纸箱打击游戏的乐趣。

活动准备： 纸箱、自找材料、轻快的伴奏音乐

活动过程：

一、教师提问，引发思考

1. 纸箱能发出声音吗？
2. 幼儿大胆猜测。

二、幼儿探索

1. 用哪些方法能让纸箱发出声音呢？
2. 幼儿每人一个纸箱，探索让纸箱发出声音的方法。
3. 分享：让纸箱发出声音的方法。

三、幼儿演奏

幼儿跟随音乐节拍用纸箱演奏音乐。

活动6：纸箱滑滑梯（一）（科学）

活动目标：

1. 了解滑滑梯的结构，寻找适合搭更长纸箱滑滑梯的地方。
2. 能够解决制作滑滑梯遇到的问题。
3. 体验成功解决困难的乐趣。

活动过程：

一、观察滑滑梯

1. 周末，我们找到了很多滑滑梯，一起来看一看。
2. 滑滑梯是由哪几个部分组成的呢？
3. 这两个滑滑梯有什么不一样的地方？（一个高的滑滑梯和一个矮的作对比）

小结：由走上去的楼梯、滑下来的平板组成，一般坡度大的滑滑梯滑下来速度更快。

二、探索搭建更大更长滑滑梯的方法

1. 我们发现了把纸箱搭在幼儿园楼梯上可以变成滑滑梯，可是如果我们想要一个更大更长的滑滑梯，可以怎么搭呢？
2. 鼓励幼儿动脑筋思考。

小结：需要一个高的地方和长长的纸板。

三、幼儿操作

1. 幼儿尝试把纸箱铺在楼梯上搭滑滑梯。
2. 楼梯是一个很高的地方，但滑的纸板没有那么长怎么办？
3. 教师引导幼儿想办法把纸箱延长。

四、分享交流

1. 你们用什么方法将纸箱延长？是否成功？
2. 没有成功是什么原因？

活动 7：纸箱滑滑梯（二）（科学）

活动目标：

1. 探索固定纸板的方法。
2. 能够发现问题，并尝试想办法解决。

活动过程：

一、谈话导入

1. 上次，我们用胶带将纸箱连接了起来，但是在玩的时候，胶带连接的地方很容易分开，你们觉得还有什么方法可以连接纸箱？

幼儿尝试用胶带固定纸箱　　　　幼儿实践验证

2. 幼儿说一说有哪些方法。

二、操作验证

鼓励幼儿寻找材料，对刚刚说到的方法加以验证。

三、分享

1. 你成功了吗？用的什么方法？
2. 你们还遇到了什么问题？可以怎么解决？

活动 8：卖纸板（社会）

活动目标：

1. 知道卖废品能换来钱。
2. 尝试独立买东西。
3. 体验劳动的快乐。

活动过程：

一、谈话导入

1. 我们的纸箱课程结束了，那纸箱就扔了吗？
2. 怎么卖纸箱？

小结：可以询问大人，寻找废品收购站，还要将纸箱打包。

二、纸箱打包

1. 将纸箱变成纸板。
2. 探究纸板打包的方法。

三、卖纸板

幼儿卖纸板

四、卖纸板的 1 块钱用来做什么

1. 卖的钱怎么分？
2. 你想用 1 块钱买什么？

五、区域活动教案

体能区

名称 1：打地鼠

投放材料：纸箱做的打地鼠道具

观察与指导要点：

1. 幼儿和小伙伴一起制定打地鼠的游戏规则。
2. 幼儿解决打地鼠游戏过程中的矛盾冲突。
3. 幼儿自选记录游戏结果的方式。

名称 2：迷宫

投放材料：迷宫

观察与指导要点：

1. 幼儿知道走迷宫的规则。
2. 引导在游戏中遇到障碍能主动思考解决办法。
3. 幼儿在游戏后愿意分享自己的游戏过程。

娃娃家

名称：纸箱沙发

投放材料：纸箱做的沙发

观察与指导要点：

1. 引导幼儿探索纸箱在娃娃家的多种用法。
2. 观察幼儿制作纸箱沙发的过程，看他们能否发现问题，并能想到解决问题的方法。
3. 提醒幼儿将不玩的材料先送回家再拿其他的材料。

益智区

名称： 纸箱变变屋

新投放材料： 百宝箱

观察与指导要点：

1. 引导幼儿通过触摸物品来描述其特征。
2. 引导幼儿用清晰完整的语言进行描述。
3. 鼓励幼儿大胆猜测。

六、户外活动教案

活动1：纸箱创意搭建

活动目标：

1. 尝试分组做计划搭建。
2. 大胆分享自己的搭建作品。

活动过程：

一、谈话导入

你在家玩过积木吗？搭过什么东西？你想用纸箱搭什么？

二、绘制纸箱搭建图纸

三、尝试根据图纸搭建

四、评价

你们搭了什么？可以怎么玩？

活动 2：纸箱手脚爬（协调能力）

活动目标：
1. 训练手脚协调的能力。
2. 能够依次排队，学会等待。

活动准备： 纸箱道具

活动过程：

一、介绍新玩具

你们看到了什么？猜一猜它是怎么玩的。

小结：手印代表手放的位置，脚印代表脚放的位置，玩的时候需按照这样的规律前进。

二、幼儿游戏，教师指导

三、放松运动

活动 3：纸箱隧道

活动目标：

1. 尝试想办法连接纸箱。
2. 能够遵守一定的游戏规则。

活动过程：

一、图片展示，认识隧道

1. 了解隧道有进口和出口。
2. 自由探索搭建隧道，教师观察。
3. 总结教师观察到的情况。
   预设：1. 有的小朋友的隧道会倒。
   　　　2. 隧道不够长。

二、探究搭建长隧道

1. 怎样可以做一个长长的隧道呢？
2. 幼儿自由探索，教师观察。

三、分享

分享搭建方法。

七、班级环境创设

小朋友和家长一起完成亲子手工：我的房子

小朋友和家长一起收集春天，将收集到的春天放进纸盒子里

59

模块二

中 班

案例1 小小自行车记

案例2 嘿！面条

案例3 垃圾分类小卫士

案例4 舌尖上的美食

案例5 神奇泡泡

案例1　小小自行车记

课程说明

"谁的童年都应该有辆自行车。"童年有着美好和温暖，最有趣的还要数骑自行车。班级大部分孩子都有骑自行车的经验，随着成长，他们已经不满足骑带护轮的自行车。

骑行，是中班的重要活动内容，自行车带给了孩子们无限的快乐，也带给了他们探索的欲望：车链掉了怎么修理？怎样给轮胎打气？怎样骑没有护轮的自行车？自行车坏了怎么修理？面对这些问题，孩子们有了关于自行车一系列的探索欲。

通过日常的观察、体验和操作，孩子们发现：骑行自行车需要掌握平衡，自行车的刹车、车链的作用均不相同，萌发设计未来的自行车的想法，体验动手操作的乐趣。在制作的过程中，利用简单的活动材料进行创意拼接组合，幼儿遇到很多不同的问题，但他们会主动观察操作，并耐心尝试。整个过程，孩子们从简单的"骑行"向"趣味制作"转变，实现了真正意义上的"科探趣玩"。

《小小自行车记》主题课程通过生活化、游戏化的活动，引发幼儿对于生活中普通事物的关注，同时还提高了幼儿的动手能力。

一、课程目标

1. 会骑自行车，感受骑车的快乐，体验其在生活中的作用。
2. 会使用螺丝刀等工具，能进行简单的零部件拆卸与部分组装。
3. 运用想象、猜测、操作、验证等多种方式，进行自行车运动的探索，了解自行车工作的原理。

二、课程实施路径图或网络图

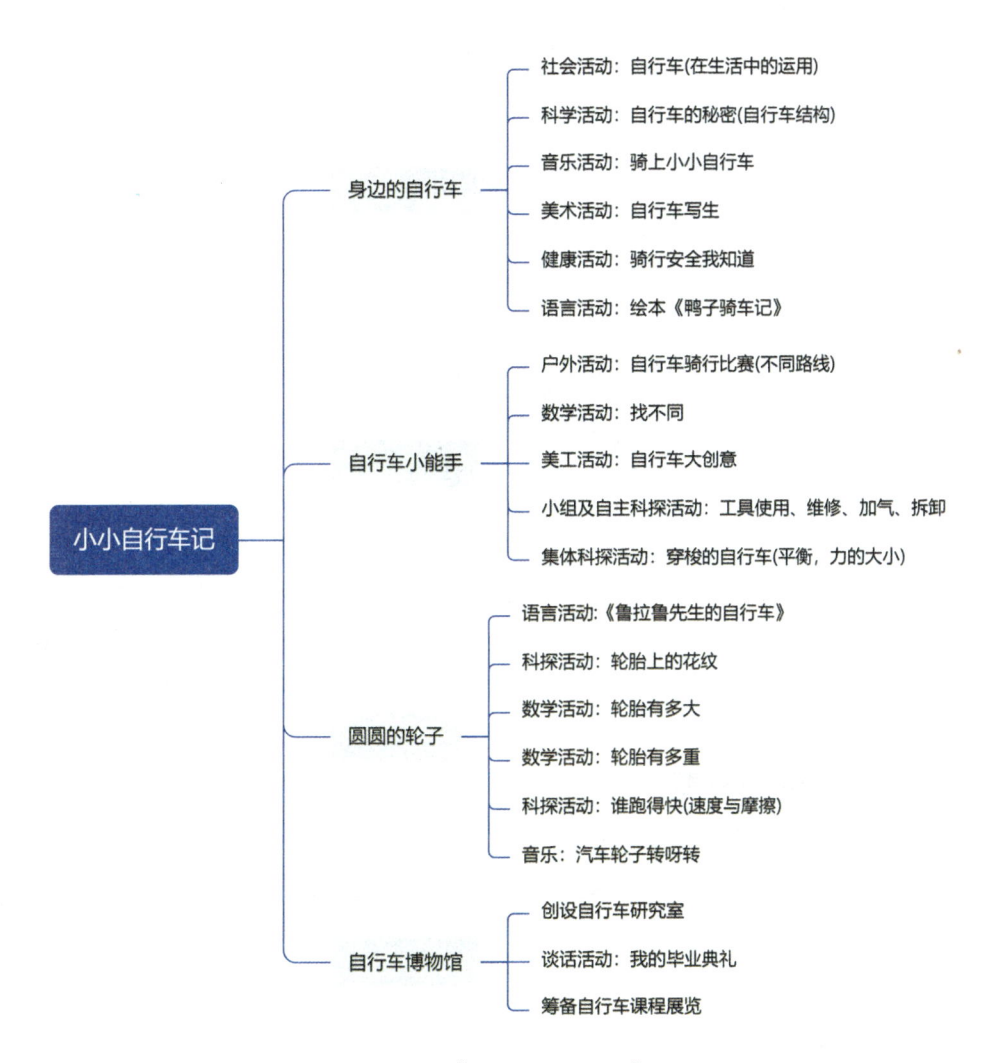

```
小小自行车记
├─ 身边的自行车
│   ├─ 社会活动：自行车(在生活中的运用)
│   ├─ 科学活动：自行车的秘密(自行车结构)
│   ├─ 音乐活动：骑上小小自行车
│   ├─ 美术活动：自行车写生
│   ├─ 健康活动：骑行安全我知道
│   └─ 语言活动：绘本《鸭子骑车记》
├─ 自行车小能手
│   ├─ 户外活动：自行车骑行比赛(不同路线)
│   ├─ 数学活动：找不同
│   ├─ 美工活动：自行车大创意
│   ├─ 小组及自主科探活动：工具使用、维修、加气、拆卸
│   └─ 集体科探活动：穿梭的自行车(平衡，力的大小)
├─ 圆圆的轮子
│   ├─ 语言活动：《鲁拉鲁先生的自行车》
│   ├─ 科探活动：轮胎上的花纹
│   ├─ 数学活动：轮胎有多大
│   ├─ 数学活动：轮胎有多重
│   ├─ 科探活动：谁跑得快(速度与摩擦)
│   └─ 音乐：汽车轮子转呀转
└─ 自行车博物馆
    ├─ 创设自行车研究室
    ├─ 谈话活动：我的毕业典礼
    └─ 筹备自行车课程展览
```

中班自主探究课程《小小自行车记》课程网络图

63

三、课程计划

活动类别	活动名称
集中教育活动	综合："我了解的自行车"调查 社会：认识自行车 科学：认识工具 美术：自行车写生 语言：《鲁拉鲁先生的自行车》 小组：遇到的问题 综合：穿梭的自行车（感受力） 安全教育：骑行安全 综合：摩擦与力的大小 语言：《鸭子骑车记》 科学：轮胎花纹的秘密 数学：圆的测量 音乐：《骑上小小自行车》
游戏活动	户外游戏：骑行运动 户外游戏：轮胎滚滚滚
区域活动	美工区：创意自行车 体验区：自行车拆卸 建构区：快乐自行车
亲子活动	前期问卷大调查 参观课程画展 亲子户外骑行活动

四、集中教育活动教案

活动1："我了解的自行车"调查（综合）

活动目标：

1. 能用语言完整表述调查单内容。

2. 通过倾听，对自行车有初步的了解。

活动准备：亲子活动调查单、实地参访

活动过程：

1. 家里的自行车是什么样子的？你还看到过什么样的自行车？
2. 关于骑自行车，你的感受如何？
3. 关于自行车的问题，小朋友想获取的知识和技能有哪些？
4. 讨论：我的课程我做主。
   利用思维导图：用气泡模式把想了解的每一个内容都分别画出来。
5. 进行分享汇总：解说设计图，我想了解什么？

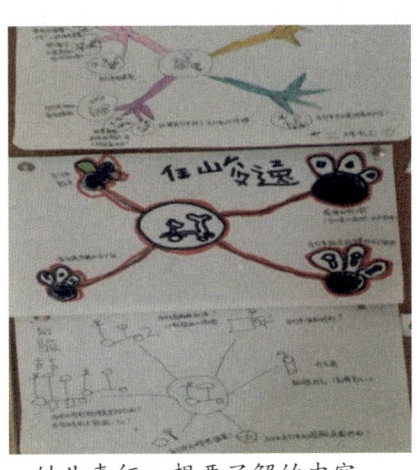

前期问卷调查　　　幼儿表征：想要了解的内容

活动2：认识自行车（社会）

活动目标：

1. 初步认识自行车的基本构造及作用。
2. 感受自行车与人们的生活息息相关。
3. 了解自行车的演变过程、造型特点。

活动准备：自行车、零件图片

活动过程：

1. 猜谜语，激发幼儿活动兴趣，引发课程。
2. 认识自行车。
   （1）欣赏视频《自行车发展史》。
   （2）与同伴讲一讲，摸到的是自行车身体的什么部位？是什么样子的？
3. 认识自行车的主要零部件。
   （1）认识零部件，说说它的名字。
   （2）提问：它们有什么用处？请幼儿互相讲一讲并验证。
4. 讨论自行车在生活中的作用。

认识自行车课程展示

活动3：认识工具（科学）

活动目标：

1. 运用多种感官探索和尝试使用工具，探索工具使用的方法。
2. 初步了解工具与人类生活的关系，对工具感兴趣。

活动准备： 螺丝刀、扳手等工具，自行车

活动过程：

1. 教师出示螺丝刀。
   提问：在哪里看到过？有什么用处？
2. 了解工具的多样性以及正确使用工具的方法。
   （1）这些工具你见过吗？长的什么样子？是什么工具？有什么用呢？
   （2）我们怎样使用这些工具呢？如果使用这些工具，应该注意什么呢？

3. 进入自行车研究室进行体验探索。

　（1）要求：使用工具注意安全。

　（2）教师观察幼儿使用工具的动作和方法。

4. 整理、评价交流。

幼儿初探工具

活动 4：自行车写生（美术）

活动目标：

1. 在观察的基础上，运用线条画出自行车的外部结构。
2. 尝试运用空间直觉，能按一定的顺序绘画出自行车的外形部件。
3. 体会线描写生的乐趣。

活动准备： 粗的记号笔、自行车 2 辆（1 大 1 小）

活动过程：

一、直接引题，了解写生的方法

"写生"是什么意思呢？会运用到我们身体的哪些部位和器官？

二、观察自行车

1. 观察自行车，说说自行车由哪些部分组成。
2. 写生的方法：选择画的顺序。（从下往上或从上往下画，然后由近到远或由远到近写生）

三、幼儿作画

引导幼儿尽量考虑自行车各部位的大小比例。

四、评价，作品展示

自行车写生

活动5：《鲁拉鲁先生的自行车》（语言）

活动目标：

1. 理解故事的内容，初步理解"坑坑洼洼""呼哧呼哧"等词语的含义。
2. 感受故事的轻松幽默，知道同伴间应该相互帮助。
3. 能表达对鲁拉鲁先生乘载动物前后神态的想法，进一步尝试提出与自行车相关的探索问题。

活动准备： 绘本人手一本、图片

活动过程：

一、出示图片，介绍主角——鲁拉鲁先生

1. 出示图片：从外观上，鲁拉鲁先生给你的印象是什么？

2. 介绍鲁拉鲁先生有周日独自骑自行车外出的习惯。
3. 理解"坑坑洼洼"的含义，用肢体动作表现自行车行走在坑坑洼洼的路面上的样子。

二、猜想故事情节

1. 出示图片：猜猜鲁拉鲁先生表情不一样的原因。
2. 理解"呼哧呼哧"的含义。

三、自主阅读绘本

1. 提出阅读要求：安静、认真地阅读。仔细观察鲁拉鲁先生的表情变化。
2. 提问回顾：
（1）你对书里面哪一页的印象最为深刻？
（2）第一个、第二个星期日鲁拉鲁先生骑车的表情分别是怎样的？
（3）鲁拉鲁先生是个什么样的人？
3. 理解"摇摇摆摆""咻溜咻溜"。（肢体表现）

四、讨论

鲁拉鲁先生骑自行车，同样是上坡和下坡，为什么乘载动物前后表情有这么大的变化？你有什么发现或者疑问吗？

五、集体欣赏绘本

请打开书和老师一起完整阅读一次吧。

活动6：小组活动：遇到的问题

活动目标：

1. 尝试交流自己遇到的困难和问题，并提出解决的方法。

2. 激发幼儿进一步探索自行车的欲望。
3. 能用绘画的方式记录自己的问题。

活动准备：初步有拆自行车的经验

活动过程：

一、回顾活动

小朋友回想一下，自己已经学习了关于自行车的哪些活动？

二、引导幼儿交流在拆自行车的过程中遇到的困难和问题
1. 邀请小朋友分享经验。
  "什么样的工具使用起来更加方便？""你是怎样解决困难的？"
2. 鼓励幼儿提出与自行车相关的更多的问题。

三、讨论

小朋友拆不下来的零件，我们可以想什么办法解决？

四、根据提出的解决办法进行尝试

活动7：穿梭的自行车（综合）

活动目标：

1. 通过操作活动和游戏，感知力及其作用。
2. 在游戏中探索用力的大小与物体运动的关系。
3. 对动手试验和观察产生兴趣，体验解决问题的成就感。

活动准备：白纸、皮球、毽子、自行车等

活动过程：

一、感知物体自由下落的现象

1. 把白纸往上扔，会发生什么？
2. 这些东西都怎么样了？（掉下来）扔上去的东西为什么往下落？

小结：因为地球引力，抛扔物体在空中都会自由下落。

感受力

二、理解力

在我们平时生活中哪些地方需要用力呢？

小结："力"能使物体动起来。

三、实验

物体的运动需要力，物体受了力的作用才会运动。介绍皮球、毽子、自行车等材料，引导幼儿进行操作活动，感知物体的运动需要力。

四、再次操作物体，引导幼儿发现力的大小与物体运动的关系

玩皮球：体验一下，轻轻地用力它会怎么样？用力很大它又会怎么样？

小结：在我们用力大的时候，物体就抛得高，滚得远，动得快；在我们用力小的时候，物体就抛得低，滚不远，动得慢。

五、游戏：骑车

活动8：骑行安全（安全教育）

活动目标：

1. 懂得安全乘坐自行车的重要性。
2. 学习乘坐自行车的正确方法，了解交规。

活动准备：骑车相关图片、自行车、骑车受伤案例

活动过程：

一、案例介绍，讨论小朋友的脚受伤的原因

讨论小朋友的脚怎么了，为什么会被轮子卡住？脚受伤了会给自己带来哪些不便？

二、结合案例讨论，学习如何安全地坐自行车，并学会自我保护的方法

怎样坐在自行车上才不会有危险呢？我们的脚应怎么放？

三、尝试用图片的方法画出乘坐自行车的正确方法

四、谈谈：骑车安全——了解交规

小结：当我们坐自行车时，应把脚放在踏板上，两手抓住扶把，身体不能来回转动或摇晃等。

幼儿活动：小小文明交通员

活动9：摩擦与力的大小（综合）

活动目标：

1. 通过骑车活动和操作游戏，感知力及其作用。
2. 在游戏中探索用力的大小与轮胎运动的关系。

活动准备：设置场景

活动过程：

一、交流：怎样骑车会跑得更快

二、实验：观察轮子的转动

1. 看一看，感知轮子转动的快慢。
2. 玩一玩，感受快慢，用力不一样，轮子转动的快慢就不一样。

三、体验

听节奏骑车：物体运动快慢与力的大小有关系。

小结：用力大，物体动得快，速度就快；用力小，物体动得慢，速度就慢。

四、体验在两种地面上骑车：尝试在平地和障碍物（木板）上骑车

感知在不同地面上骑车的感觉，交流在这两种地面上骑车，感觉是否一样。

五、寻找"力"

什么情况下，需要小力？什么时候又需要大力？

活动 10：《鸭子骑车记》（语言）

活动目标：

1. 仔细观察画面，想象故事中小动物们对鸭子骑车的不同想法，并能用不同的方式表达对故事的理解。
2. 感受鸭子骑车带来的快乐，体验坚持不懈就会成功。

活动准备： 多媒体课件

活动过程：

一、突发奇想的鸭子：（激发幼儿对故事的兴趣）

猜猜鸭子想干什么？鸭子想骑自行车的想法能实现吗？为什么？

二、鸭子骑车上路：（理解故事内容）

1. 感知鸭子骑自行车的决心。母牛赞同鸭子骑车的想法吗？用了什么词语？（愚蠢）
2. 自主观察画面。鸭子还会遇到哪些动物？它们之间可能会发生什么事情？
3. 遇见朋友。一起说说鸭子遇到了谁，分析画面。

三、惊喜的秘密：发生了什么

四、完整阅读

绘本《鸭子骑车记》

活动 11：轮胎花纹的秘密（科学）

活动目标：

1. 了解轮胎上花纹的用处，探索并了解生活中存在的科学现象。
2. 探索轮子的形状和花纹的不同。

活动准备：笔、颜料、白纸、各种花纹的轮胎

记录发现

活动过程：

1. 介绍新材料。上次我们和轮胎一起做游戏，说说你们都玩了些什么，那你们玩的时候发现所有的轮胎都是一样的吗？（除了大小，还有什么不一样？）
2. 观察轮胎上还有什么秘密，并记录花纹。
3. 分享发现的花纹，并提问：花纹是为了好看，还是有其他作用？
4. 幼儿探索，共同寻找答案。
5. 分享交流。

活动 12：圆的测量（数学）

活动目标：

1. 初步懂得根据测量对象的特点选择合适的测量工具。
2. 学习用包围、滚动的方法测量圆的周长，对比感知圆的大小。
3. 对测量感兴趣，并能大胆交流。

活动准备：

1. 经验准备：幼儿已经学会自然测量。
2. 物质准备：大小一样的圆形 19 个、大小相近的两个圆形 6 组、绳子、雪花片、冰糕棍、记录表、笔。

活动过程：

一、探索测量工具

1. 幼儿两人一组自由探索测量圆圈的外圈大小。
2. 幼儿分享测量工具和结果。

小结：绳子是最适合测量圆形物体的，测量圆形一周的长度叫圆的周长。

二、比较圆的大小，探索圆圈的测量方法

1. 出示大小区别不明显的两个圆圈，用绳子来测量这两个圆的周长。
2. 幼儿操作，教师巡视。

三、交流学习圆的测量方法

1. 谁来说说测量的结果是什么？请告诉大家你的测量方法。
2. 老师还有一种方法也可以测轮胎的周长。（教师演示滚动的方法）
3. 说说滚动测量是怎么测量的。
4. 幼儿再次操作，测量圆周长。

四、小结

数学活动：测量轮胎大小

活动 13：《骑上小小自行车》（音乐）

活动目标：

1. 感受歌曲《骑上小小自行车》欢快、活泼的情绪，初步学唱歌曲。
2. 在老师的提示下探索，使用图示理解并记忆歌词。
3. 体验通过自己的探索，学会唱歌的快乐。

活动准备： 图谱、音乐

活动过程：

一、幼儿感受歌曲《骑上小小自行车》的旋律

二、幼儿学唱歌曲

1. 教师清唱，幼儿倾听。
2. 提问：歌里唱的什么？有什么好办法来学唱这首歌？

三、出示图谱，引导幼儿发现图谱和歌词内容的关系

幼儿看图唱歌曲，在演唱过程中慢慢去掉图谱，直至全部记住。

四、创编动作，给歌曲配上好看的动作

五、幼儿表演歌曲

```
F=4/4
0 1  2 3  4 3   4 5  |5-00| 6  6 6  6 5  0 4 |5 - 0 0|
骑 上  小 小  的 自 行  车，    我  的 心 情 多   快 乐。

0 1  2 3  4   4 5  |5-00|0 3  3  3 4 3 2 |1 - 0 0|
太 阳 对 我  开 口  笑，   小 鸟 为 我 来 歌 唱

0 4  5 6   7 6  5 6|7 1  1 1 0|0 4  5 6   7 6  5 6|7 6  5 5 5 0|
自 行  车 呀 自 行 车    锻 炼  身 体  好 处 多

0 4  5 6   7 6  5 6|7 1  1 1 0|0 4  5 6   7 6  5 6|7 6  5 5 5 0||
自 行  车 呀 自 行 车    绿 色  出  行  好 处 多
```

附：歌曲《骑上小小自行车》

五、游戏活动教案

活动1：骑行运动

活动目标：

1. 能以小组的形式学骑自行车。
2. 尝试在骑行的过程中保持身体平衡，能发现与自行车相关的问题。
3. 体验骑车的快乐。

活动准备： 自行车（有护轮、无护轮）

活动过程：

1. 出示自行车，说说我们骑车时要注意些什么。
2. 提出活动要求：以小组的形式骑车，请大家按组分别坐在骑行区以外，不能随意走动。
3. 幼儿尝试以小组形式进行骑车活动。提示幼儿遵守规则，小组协商按顺序依次骑行。
4. 游戏：骑行接力。
5. 讨论：在刚才的游戏中，哪一组的速度最快？为什么？

活动2：轮胎滚滚滚

活动目标：

1. 能积极参加游戏活动，并学会在运动过程中保护自己。
2. 能快速推动轮胎跑。
3. 训练动作的灵活性、手眼脚的协调性。

活动准备：轮胎若干

活动过程：

1. 五名幼儿分一组，每组一个轮胎，尝试自由滚动轮胎。
2. 提出活动要求：试试轮胎有哪些玩法。分组寻找宽阔的场地，游戏时注意安全。
3. 说说轮胎的玩法。
4. 游戏：轮胎障碍接力。在活动场地上有间隔地放置一些皮球或画一些标志等作为障碍。
5. 幼儿活动：提醒幼儿注意安全。在每个幼儿掌握了要求，滚动基本熟练后，可开展小组比赛，看哪组推得又稳又快。
6. 评价，休息。
7. 分享活动情况，提出下次活动要求。

探索轮胎多种玩法

六、区域活动教案

活动1：自行车拆卸（体验区）

活动目标：

1. 运用多种方法尝试拆自行车。

2. 初步了解工具与人类生活的关系，对工具感兴趣。

活动准备：锤子、手套等工具

活动过程：

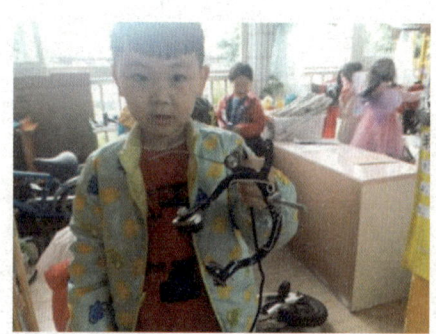

1. 回顾上次拆自行车时遇到的困难。思考如何拆车把、链条等。
2. 讨论：如何解决这些困难？引导幼儿思考，可能会用到哪些工具？可以怎样做？（合作、帮忙）
3. 进入自行车研究室，运用刚才谈到的方法进行探索。
   （1）进区要求：怎么使用这些工具和方法？尝试解决问题。使用工具时注意安全。
   （2）教师进行观察：幼儿解决问题的方法。
4. 整理，评价交流。

活动2：创意自行车（美工区）

活动目标：

1. 学习用零件进行粘贴，提高动手能力。
2. 尝试用不同材料进行创作，感受创作的乐趣。

活动准备：手工胶水、各种零件

活动过程：

一、欣赏创意画图片

提问：知道这是用什么做的吗？可用到哪些方法？还可以使用哪些材料？

二、介绍操作方法

讲解要求：先构图想象自己需要制作的东西，然后按需取材料，可以先在桌面上摆一摆，然后进行粘贴。

三、幼儿进行活动

四、幼儿相互欣赏、评价，活动结束，主动收拾好活动区材料

活动3：快乐自行车（建构区）

活动目标：

1. 会观察自行车，并用线形组合建构的方式表现自行车的外形特征。
2. 能大胆介绍自己的作品，体验活动的快乐。

活动准备：雪花片、积木等建构材料

活动过程：

一、介绍新材料

1. 谈话、观察，分析自行车的外形特征。扶手在哪里？脚放在什么上面？是自行车的什么部位在地上滚呢？
2. 依次观察车龙头、坐垫、脚踏板、车轮等部位，并完整地说一说自行车是由哪几部分组成的。

二、幼儿游戏，教师观察指导

用哪些形状来插自行车部件？怎样把插好的部件连在一起？

三、分享，点评

七、亲子活动教案

活动1：小记者在行动

活动目标：

1. 了解幼儿对自行车的认知程度。
2. 了解幼儿对自行车的兴趣，生成课程体系。

活动准备： 调查单

实施建议：

1. 参观自行车行。
2. 根据已有经验填写调查表，注意图文并茂。
3. 能提出课程开展建议。

小记者在行动	
小记者	
在哪些地方发现自行车？	
关于自行车，最感兴趣的话题是什么？	
采访后，你获得了哪些新知识？	

活动 2：课程画展（我的课程汇报）

活动目标：

1. 能结合课程开办画展。
2. 感受课程过程，体验课程与艺术相结合的美。

活动准备： 各种作品

实施建议：

1. 观赏作品，了解作品内容。
2. 结合课程开展，感受画展中用不同材料呈现出不同形式自行车的美。

八、其他活动照片

骑行比赛 　　　　　　　　　剪纸活动

83

九、各区域投放材料及建议

语言区

名称： 朗读者

新投放材料： 绘本《鲁拉鲁先生的自行车》《谁的自行车》等

观察与指导要点：

阅读区是幼儿喜欢的区域，在该区域投放相应的绘本及绘本操作材料，幼儿在讲讲、说说、看看、记记中学会阅读。

美工区

名称： 创意吧

新投放材料： 自行车、软铁丝、扣子等

观察与指导要点：

美工区也是孩子喜欢的区域，装扮自行车、自行车写生、自行车线描、扣子粘贴自行车、纸屑粘贴、毛根制作自行车、铁丝制作自行车、陶泥制作自行车等活动给孩子们带来更多的创意和乐趣。

科学区

名称：自行车研究室

新投放材料：自行车、工具

观察与指导要点：

孩子的学习以动手操作、直观感受为主，投放各种工具，引导探索各种工具的用法；通过拆卸、修理、简单组装进一步了解自行车结构及原理。

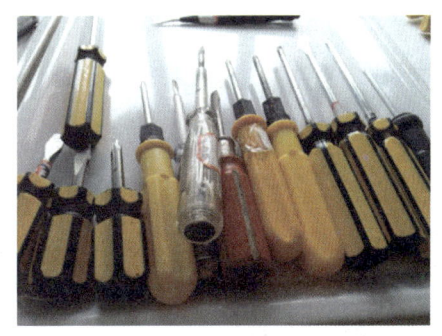

十、班级主题墙、活动环境

案例2 嘿！面条

课程说明

> "凉面，五块钱一碗，要不要？""小面不要辣椒！""老板，多面少菜！"这是班上小朋友很喜欢模仿的生活场景。中班的孩子对生活中常见的面条有了浓厚的兴趣。
>
> 是不是所有的面粉都可以做面条？怎么和面？水和面的比例是多少？怎么擀面？怎么切面？怎么晾晒？一系列的问题激发了孩子们浓厚的好奇心。
>
> 在这个主题中，小朋友们会去市场搜集各种各样的面条进行观察分类，并且在课堂上进一步讨论面条的制作方法和所需材料，探索小面的制作方法。《嘿！面条》的课程让孩子们在自己与材料的接触中进一步思考、探索、验证，获得丰富而有意义的经验。

一、课程目标

1. 初步了解面条由麦子到面粉的变化过程。
2. 认识各种各样的面条，知道面条的不同吃法。
3. 尝试制作小面，能用较完整的语言表述自己在操作中遇到的问题，并想办法解决。

二、课程实施路径图或网络图

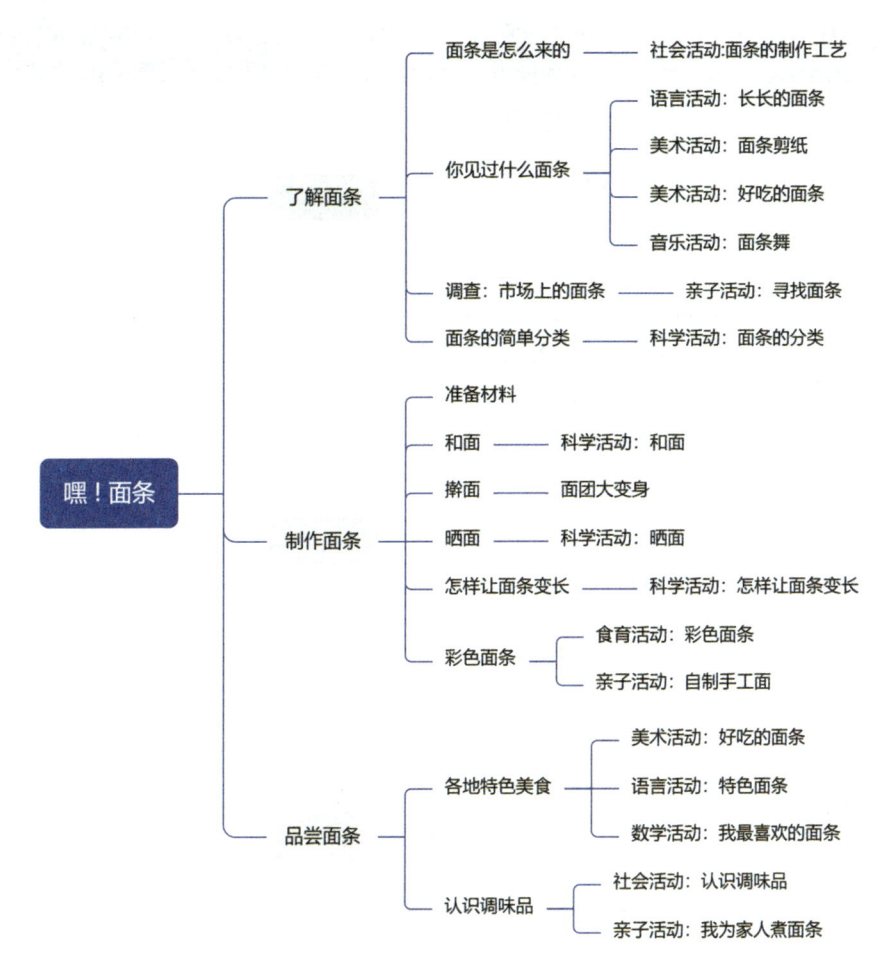

```
嘿！面条
├── 了解面条
│   ├── 面条是怎么来的 ── 社会活动：面条的制作工艺
│   ├── 你见过什么面条
│   │   ├── 语言活动：长长的面条
│   │   ├── 美术活动：面条剪纸
│   │   ├── 美术活动：好吃的面条
│   │   └── 音乐活动：面条舞
│   ├── 调查：市场上的面条 ── 亲子活动：寻找面条
│   └── 面条的简单分类 ── 科学活动：面条的分类
├── 制作面条
│   ├── 准备材料
│   ├── 和面 ── 科学活动：和面
│   ├── 擀面 ── 面团大变身
│   ├── 晒面 ── 科学活动：晒面
│   ├── 怎样让面条变长 ── 科学活动：怎样让面条变长
│   └── 彩色面条
│       ├── 食育活动：彩色面条
│       └── 亲子活动：自制手工面
└── 品尝面条
    ├── 各地特色美食
    │   ├── 美术活动：好吃的面条
    │   ├── 语言活动：特色面条
    │   └── 数学活动：我最喜欢的面条
    └── 认识调味品
        ├── 社会活动：认识调味品
        └── 亲子活动：我为家人煮面条
```

中班自主探究课程《嘿！面条》课程网络图

三、课程计划

活动类别	活动名称
集中教育活动	语言：长长的面条　　　　社会：面条的制作工艺 美术：面条剪纸　　　　　美术：面团大变身 美术：好吃的面条　　　　食育：彩色面条 科学：和面　　　　　　　语言：特色面条 社会：认识调味品　　　　社会：重庆小面（认识佐料） 音乐：面条舞　　　　　　数学：我最喜欢的面条

87

续表

活动类别	活动名称
游戏活动	音乐游戏：面条煮煮煮
区域活动	角色区：手工面、做面大比拼 美工区：面团大变身 语言区：《长长的面条》
亲子活动	一起收集并认识各种面条 回家制作手工面 煮面条

四、集中教育活动教案

活动1：《长长的面条》（语言）

活动目标：

1. 倾听故事，感知柔软物体发生弯曲、盘旋、伸直等变化。
2. 大胆想象长面条的形状变化以及形变之后的用途。
3. 自由发挥想象，尝试用绘画的方式编创故事。

活动准备：语音故事、长绳子、毛线、白纸、水彩笔、双面胶

活动过程：

一、故事导入，激发幼儿想象力

有一只小象想做拉面给朋友吃，小象看到弯弯曲曲的面条：

1. 小象会觉得面条像什么？他们会怎么玩呢？
2. 教师借助长绳子进行引导，并把幼儿的想象记录在黑板上。
3. 小狐狸看到了这根长长的面条，眼睛一亮，你觉得他会怎么做呢？

4. 教师引导幼儿大胆想象，并用图画记录幼儿想象的场景。

二、教师完整讲述，幼儿阅读故事画面

1. 教师完整讲述故事。
   教师：故事里，小鸟把长长的面条当作了什么？小鸟是怎么玩的？小狐狸对长长的面条做了什么？
2. 原来，长长的面条一会儿弯弯的，一会儿直直的，一会呈盘旋的样子，可以有很多的变化。

三、创意绘画，续编故事

1. 续编故事并画下来。
   教师：你觉得一根很长很长的面条像什么？你会拿它怎么玩呢？今天我们来画一张很有趣的画。两个小朋友合作，先商量要用长长的面条做什么，然后画下来，再用毛线在画的面条上进行装饰。
2. 幼儿两个人一组进行讨论。幼儿大胆想象，自主作画。
3. 教师巡回观察、引导，请幼儿分享自己创编的故事。

活动2：面条剪纸（美术）

活动目标：

1. 进一步学习剪刀的使用方法。
2. 剪出笔直且宽度均匀的线条，提高使用剪刀的能力。

活动准备：色纸、白色皱纸、剪刀、锅的绘画作品

活动过程：

一、问题导入活动，激发幼儿兴趣

小朋友们都吃过面条，说说面条是什么样的。

小结：我们今天要用剪纸的方式做"面条"。

二、欣赏各种样式的面条，了解面条的外形特点

看看这些面条有什么特点，并说一说。

三、幼儿自己动手剪，教师巡回指导

观察幼儿能否剪出粗细均匀的面条。

四、分享自己的面条作品

1. 面条放入锅的绘画作品。
2. 说说你喜欢哪根面条，为什么？

活动3：好吃的面条（美术）

教学目标：

1. 学习绘画碗的基本形态，用线条图形进行线描装饰。
2. 尝试配菜的绘画及装饰，注意颜色搭配以及画面整体布局。

活动过程：

一、问题导入，回顾所了解的面条

1. 小朋友们，平时妈妈都做什么早饭呢？（蛋炒饭、鸡蛋、牛奶、面包、面条……）
2. 你们都吃过什么面？（西红柿鸡蛋面、虾仁面、豚骨拉面……）
3. 面里都有什么配菜？（鸡蛋、青菜、虾……）

小结：今天老师和小朋友们一起来画一碗好吃的面条。

二、观察环节，了解面条的制作工艺

1. 观看视频，了解面条的制作过程。

教师：小朋友们知道面条是怎么做出来的吗？老师这里有一段视频，我们一起来仔细观察一下吧。（播放做面条的视频）

2. 刚刚看到视频，小朋友们观察到面条都可以怎么做呢？

小结：拉面、机器压面条等。

3. 出示图片，观察煮好的面条及碗的样式。

教师：面条在碗里是什么样子的？盛面条的碗是什么样子的？有什么装饰呢？我们一起来看图片，仔细观察一下。

三、线条的学习

1. 欣赏线描图案。
2. 小朋友们家里的碗都有什么花纹呢？

小结：我们可以用线描的方式装饰碗，这里有一些线描的图案，我们一起来看一下。

四、幼儿操作，教师指导

在面条上加一些小配菜：油菜、煎蛋、培根、蘑菇等。

今天我们一起变成小厨师，来给自己做一碗好吃的面条吧！

五、欣赏与评价幼儿作品

幼儿面条线描作品

活动 4：和面（科学）

活动目标：

1. 乐于探究和面的基本方法和技巧，初步感知比例关系。
2. 能大胆提出问题，发表不同意见。

活动准备： 面粉、面盆、准备好的面团

活动过程：

一、出示面团，问题导入

教师：要把面粉弄得像老师手里的面团一样软，你们想想有什么办法？

二、师生一同探究和面的方法和技巧

1. 怎样合理地给面粉加水呢？如果一下子加很多水，会发生什么？

   小结：在幼儿讨论的基础上，教师演示给幼儿看，从而得出结论——一下子加太多水，会使面团太湿，如果没有备用的面粉添加，那么面团就做不成了，所以最好的方法是一次加一点点水，不够时再加。

2. 面团太湿了会怎样？太干了又会怎样？

三、幼儿自主探索动手和面

四、评价自己制作的面团，并回答制作前老师提出的问题

幼儿分组尝试和面

活动 5：认识调味品（社会）

活动目标：

1. 通过看、摸、比、尝、闻，使幼儿了解调味品的显著特征并能正确区分调味品。
2. 能将自己的感受用清楚的语言表达出来。

活动准备： 生活中各种常见的调味品

活动过程：

一、幼儿介绍自己知道的味道

教师：小朋友，你们知道一些什么味道？

二、引导幼儿通过看、摸、比、尝、闻等手段说出调味品的特性

1. "今天老师准备了一些调味品，请你们来了解一下。"
2. "看看这是什么东西？它们有什么味道？"
3. 幼儿操作，教师指导。
   （1）教师提醒幼儿品尝东西要少一点。
   （2）教师鼓励幼儿大胆操作，自由交谈。如："这些东西除了尝（闻、摸、放入水中、混起来搅拌……），还可以怎样玩？"
4. 引导幼儿说说操作结果并逐一认识调味品。

三、引导幼儿正确分辨调味品（糖与盐、醋与酱油、辣椒面与五香面），并请幼儿根据自己的经验说出分辨的缘由

如：分辨糖与盐可以通过颜色、黏手程度、看、尝来快速辨别。

四、品尝午餐，进一步加深对各种调味品的认识

五、活动延伸

请幼儿回家看看还有什么调味品，那些调味品有什么特性。

活动6：面团大变身（美术）

活动目标：

1. 大胆尝试把面团擀出不同形状的面饼。
2. 根据所擀形状充分发挥想象，并利用材料大胆装饰成各种造型。
3. 体验创作活动的乐趣。

活动准备： 面粉、水、盆

活动过程：

一、认识面团、擀面杖

1. 小朋友，今天来了两位朋友。这是谁？（出示擀面杖和面团）面团摸上去是什么感觉？

小结：原来面团摸上去是软软的、黏黏的感觉。

2. 今天，擀面杖和面团要来玩一玩"面团大变身"的游戏，我们一起来试一试吧！

二、尝试擀面

1. 教师边念儿歌边擀面，引发幼儿兴趣。

   教师：小朋友，圆滚滚的面团现在变得怎么样了？

2. 引导幼儿发现面团第一次大变身，从圆滚滚的面团变成扁扁的、不规则形状的面饼，重点引导幼儿发现在不同方向用力不同，会擀出不同形状的面饼。

3. 鼓励幼儿大胆擀出一个厚薄均匀的面饼，教师与幼儿一起边念儿歌边擀面。

活动 7：面条的制作工艺（社会）

活动目标：

1. 了解手工面条的制作工艺。
2. 感受将麦子变成面条的工人工作的辛苦，树立珍惜粮食的意识。

活动准备： 麦子生长流程图片

幼儿晾晒面条

活动过程：

一、出示面条

1. 面条是怎么做出来的？
2. 幼儿通过思维导图记录面条由麦子变化而来的过程。
3. 分小组记录，教师巡回指导。
4. 幼儿分组分享流程图，并体会农民和工人生产面条的辛劳。
5. 小组组长分享。
6. 体会面条制作的漫长过程，萌发感恩之情。

二、活动延伸

晾晒面条活动。

活动 8：面条舞（音乐）

活动目标：

1. 喜欢面条舞，用夸张的肢体动作模仿并创造性地加以表现。
2. 根据音乐节奏变化用身体动作表现面条在锅里的变化过程。

活动准备：

1. 生活中观察煮面条活动。
2. 音乐、大锅情景、煮面条视频。

活动过程：

一、谈话导入，回顾煮面条过程

1. 回顾煮面过程。

    教师：你们见过爸爸妈妈煮面条吗？在煮面过程中，面条会怎么变化？面条下锅之后会发生什么变化呢？（慢慢变软，慢慢变弯）

2. 观看煮面条视频。

小结：今天老师带来一首好听的曲子，小朋友们仔细倾听，这首曲子表现的是什么？你们听了有什么感觉？

二、倾听与想象

1. 第一遍：倾听并熟悉音乐。

    提问：这曲子好听吗？你们觉得有几段？（三段）

2. 第二遍：倾听并感受每段节奏特点。

    （1）第一段你们听了有什么感觉呢？（雄壮有力，很有节奏）

    （2）第二段和第一段有什么不一样的地方？（慢、柔、舒缓）

    （3）第三段给人什么样的感觉？（越来越快，让人听了很兴奋、很激动）

小结：老师觉得这首曲子很像我在家煮面条的过程，第一段雄壮有力，就像没煮的面条一样硬邦邦的，第二段很慢很柔，就像慢慢变软的面条，第三段音乐节奏越来越快，一听就像面条在锅里绕来绕去地打结似的。

3. 第三遍：倾听，为每段音乐匹配动作。

    （1）请幼儿根据音乐贴相应的图，并想象动作。

    （2）小朋友刚才想了很多不同动作，我们来听音乐并把动作连起来吧！

三、完整表现乐曲

1. 第一遍游戏：

   教师当厨师，提醒幼儿听到特别的声音时才能下锅。

2. 第二遍游戏：

   请一名小朋友来当厨师，其他小朋友和他一起游戏。

活动9：特色面条（语言）

活动目标：

1. 清楚地介绍自己收集的面条。
2. 愿意在众人面前大胆讲述。

活动准备：收集各种面条的图片

幼儿分享重庆的特色面条

活动过程：

一、说说我知道的特色面条（形状、颜色、味道）

二、分享

分享自己收集的图片，试着给同组的朋友介绍。

三、评选

每组评选一个最具特色的面条，向全班幼儿展示并简述。

四、交流

集体分享并交流特色面条。

五、课后延伸

记住一种特色面条，并在家和爸爸妈妈一起进行烹调。

活动 10：我最喜欢的面条（数学）

活动目标：

1. 对统计活动感兴趣，尝试用统计的方法解决生活中的问题。
2. 根据自己的选择进行记录，积累关于记录和统计方面的经验。

活动准备：

1. 经验准备：具备一定的点数能力；已有初步的统计经验。
2. 实物图片、磁铁、黑板。

我最喜欢的面条 投票统计

活动过程：

一、谈谈自己喜欢吃的食物

二、选择自己爱吃的面条，尝试用多种方法统计人数

1. 讨论：有什么办法可以知道每种面条有多少人喜欢吃？
2. 选择方法，统计出每种面条喜欢的人数，找出喜欢人数最多的面条。
3. 用不同的方法统计出选择人数最多的面条。

小结：在大家意见不同时，就可以用统计的方法，知道大多数人的想法，并能劝说少数服从多数。

活动 11：彩色面条（食育）

活动目标：

1. 了解制作彩色面条的材料及其生产过程。

2. 共同制作彩色面条，共同分享美食。

活动准备：

有关彩色面条的图片资料、榨汁机、面粉、火龙果、菠菜、胡萝卜、南瓜、火腿肠

活动过程：

一、图片导入，引出主题

1. 今天老师要带小朋友认识一种特别的面条——彩色面条。
2. 你知道这种好看的面条是怎么做出来的吗？

制作蔬菜面条

二、集体讨论彩色面条的制作过程

1. 出示制作材料：面粉、胡萝卜、火龙果、菠菜。
2. 猜一猜：绿色的面条要用什么来做？红色的用什么做？橘黄色的又用什么做呢？
3. 梳理并出示流程图片
   （1）将菠菜、火龙果、胡萝卜分别榨汁装碗里。
   （2）将不同颜色的蔬果汁倒进不同盆子的面粉里。
   （3）再往不同的盆里加入水后开始和面。
   （4）面团揉好后用擀面杖擀开平铺，然后卷起来切丝。
   （5）烧开水煮面条。

三、小厨房体验制作

1. 小朋友观看操作流程并制作。
2. 教师提出注意事项。

四、品尝自制彩色面条

五、区域活动教案

语言区

名称：《长长的面条》

新投放材料：绘本、幼儿收集的各种面条

观察与指导要点：

1. 幼儿能专注阅读绘本，并能根据材料续编故事。
2. 引导幼儿谈话，交流收集的各种面条的特点。

幼儿观察收集的面条　　　　语言小游戏挂图

美工区

名称：面团大变身

新投放材料：颜料、面团

观察与指导要点：

1. 引导幼儿用面团进行造型创作。

2. 观察幼儿是否运用三原色给面团上色。

角色区

名称：做面大比拼

新投放材料：

擀面杖、面粉、垫子、切刀、盘子、各种调料、餐具、厨具

观察与指导要点：

1. 观察幼儿是否能用前期的知识把面粉变成面条。
2. 鼓励幼儿表达自己的想法，学习与同伴协商确定角色。
3. 使用丰富的角色语言与同伴进行交流。

月亮餐厅活动

六、亲子活动教案

幼儿在超市寻找面条

亲子任务单

101

活动1：收集各种面条（社会）

活动目标：

1. 收集不同的面条。
2. 尝试按照面条的特征分类。（形状、原材料）

活动准备： 购物清单

亲子任务： 和家长一起寻找面条。

活动2：煮面条（生活）

活动目标：

1. 在家长帮助下成功煮熟面条。
2. 尝试自己给面条调味。

活动准备： 各种调味品、锅、面条

活动过程：

一、观看视频，了解煮面的注意事项

1. 什么时候放面条？
2. 什么时候面条熟了？
3. 常见的佐料如何搭配？

二、亲子任务

回家给家人煮一碗小面。

幼儿为家人煮小面

七、班级环境创设

面条探究墙面　　　　　　　面条晾晒区

案例3 垃圾分类小卫士

课程说明

> 小朋友们在垃圾桶旁的一次聊天引起了我的关注，许多孩子都不知道垃圾该如何分类，但对不同颜色的垃圾桶产生了浓厚的兴趣。
>
> 只见小朋友们好奇地围着教室里新出现的绿色垃圾桶讨论着："为什么这个垃圾桶是绿色的？""为什么标志不一样？""为什么教室里要放两个垃圾桶？""我知道还有蓝色和红色的垃圾桶，但不知道有什么用。"一个小小的绿色垃圾桶激发了幼儿的求知欲和探索欲。
>
> 结合中班幼儿的年龄特点、家长的建议和当下社会的需求，通过科学实验、实地参访、丰富的亲子活动，让幼儿深入了解生活垃圾对地球环境造成的影响，使他们从小养成垃圾分类的好习惯。
>
> 在幼儿启蒙阶段将垃圾分类融入幼儿园的自主探究课程，让幼儿知道垃圾分类的重要性，积极利用各种废旧材料进行各种手工创作，激发幼儿的创造性，同时让家庭参与进来，在生活中不断培养幼儿的环保意识。

一、课程目标

1. 知道垃圾对环境的危害，增强幼儿的环保意识。
2. 学习生活垃圾分类，能把不同的垃圾扔进对应的四色垃圾桶。
3. 通过亲子活动养成"知分类、懂分类、愿分类"的良好生活习惯。

4. 知道回收垃圾的重要性，能积极利用各种废旧材料进行各种手工制作，激发创造欲和探索欲。

二、课程实施路径图或网络图

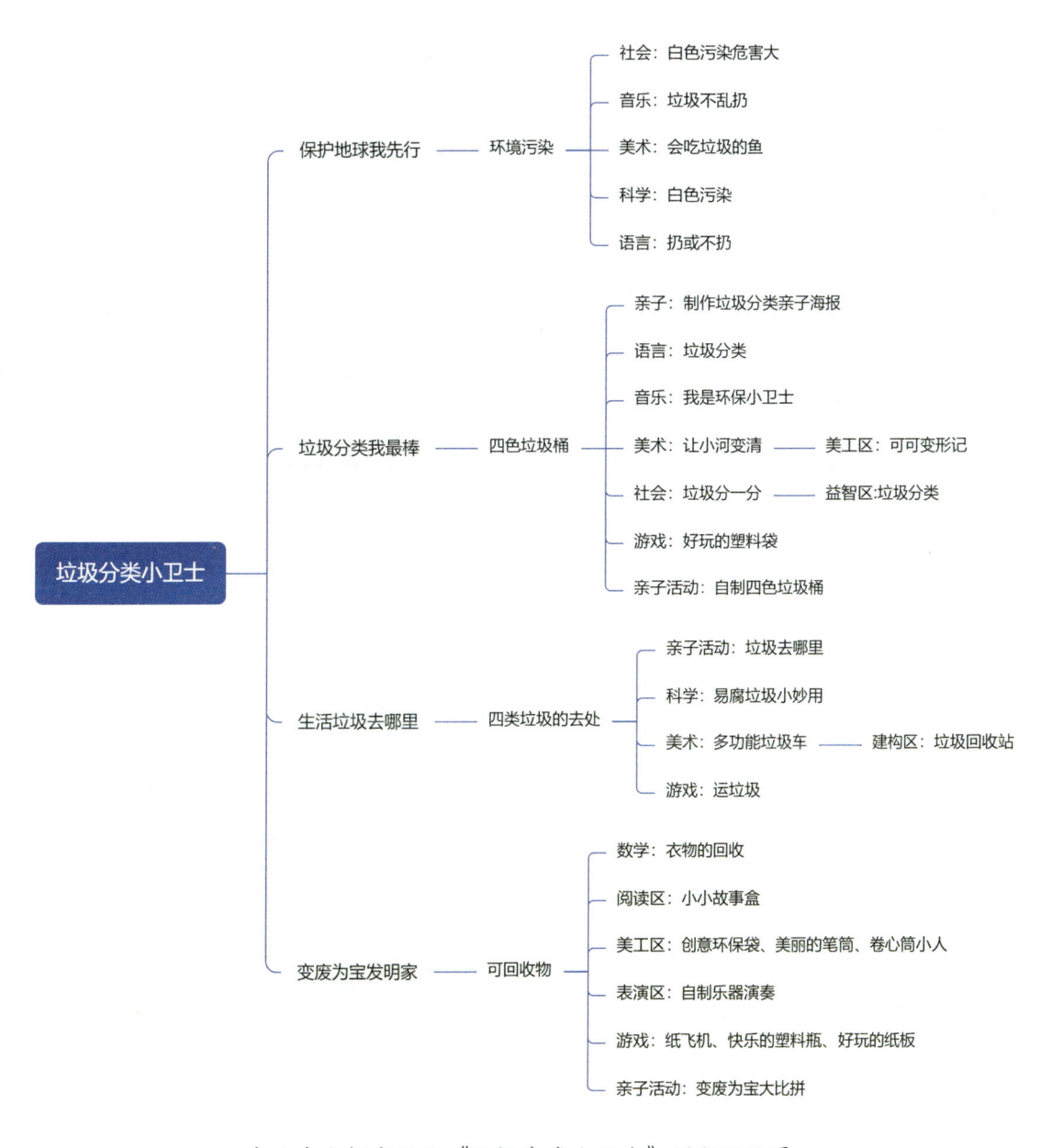

```
垃圾分类小卫士
├── 保护地球我先行 ── 环境污染
│   ├── 社会：白色污染危害大
│   ├── 音乐：垃圾不乱扔
│   ├── 美术：会吃垃圾的鱼
│   ├── 科学：白色污染
│   └── 语言：扔或不扔
├── 垃圾分类我最棒 ── 四色垃圾桶
│   ├── 亲子：制作垃圾分类亲子海报
│   ├── 语言：垃圾分类
│   ├── 音乐：我是环保小卫士
│   ├── 美术：让小河变清 ── 美工区：可可变形记
│   ├── 社会：垃圾分一分 ── 益智区：垃圾分类
│   ├── 游戏：好玩的塑料袋
│   └── 亲子活动：自制四色垃圾桶
├── 生活垃圾去哪里 ── 四类垃圾的去处
│   ├── 亲子活动：垃圾去哪里
│   ├── 科学：易腐垃圾小妙用
│   ├── 美术：多功能垃圾车 ── 建构区：垃圾回收站
│   └── 游戏：运垃圾
└── 变废为宝发明家 ── 可回收物
    ├── 数学：衣物的回收
    ├── 阅读区：小小故事盒
    ├── 美工区：创意环保袋、美丽的笔筒、卷心筒小人
    ├── 表演区：自制乐器演奏
    ├── 游戏：纸飞机、快乐的塑料瓶、好玩的纸板
    └── 亲子活动：变废为宝大比拼
```

中班自主探究课程《垃圾分类小卫士》课程网络图

三、课程计划

活动类别	活动名称
集中教育活动	社会：白色污染危害大 语言：扔或不扔 语言：垃圾箱里的妖怪 科学：白色污染 社会：垃圾分一分 语言：垃圾分类 科学：易腐垃圾小妙用 美术：创意环保袋 美术：让小河变清 美术：会吃垃圾的鱼 美术：多功能垃圾车 数学：衣物的回收 数学：统计清洁工具
游戏活动	户外游戏：快乐的塑料瓶 户外游戏：好玩的塑料袋
区域活动	美工区：创意环保袋 表演区：自制乐器演奏 建构区：垃圾回收站
亲子活动	亲子活动：环保小卫士（海报） 亲子手工：自制垃圾桶 亲子手工：变废为宝大比拼

四、集中教育活动教案

活动1：白色污染危害大（社会）

活动目标：

1. 引导幼儿了解废弃的塑料袋、泡沫等物品对环境造成的污染及危害，增强幼儿环保意识。
2. 学习用适当的词语描述自己的所见所闻。

活动准备： 白色污染图片、塑料制品、视频

活动过程：

一、导入

1. 出示塑料制品。
2. 提问：你们知道它们是做什么的吗？这些东西用完之后，你们是怎么处理的呢？

二、了解白色污染所带来的危害

1. 出示幻灯片，讨论塑料制品带来的危害。
2. 激发幼儿思考哪些东西乱扔也会造成白色污染。
3. 讨论：如何减少白色污染？引出"限塑令"视频。

小结：白色污染无处不在，但把它扔进对应的垃圾桶再进行正确的处理，会大大减少对环境的危害。

三、活动延伸

游戏：白色塑料哪里逃。

活动 2：扔或不扔（语言）

活动目标：

1. 观察画面，了解并能表达乱扔垃圾对环境造成的影响。
2. 学习生活中的垃圾分类方法，有让生活环境变美好的愿望。

活动准备： 绘本 PPT

活动过程：

一、导入主题

1. 出示乱扔垃圾的图片。
   教师：小朋友们，你们看看图片上发生了什么？
2. 看绘本理解故事，幼儿观察、讲述。
   教师：为什么垃圾不能乱扔？乱扔垃圾会怎么样？垃圾应该扔到哪里？我们应该怎样保护环境？

二、幼儿自主阅读

1. 讨论：我们该怎么做？
2. 请幼儿自主阅读，说说书中的内容。

三、完整讲述故事

活动3：白色污染（科学）

活动目标：

1. 了解白色污染的危害，减少使用一次性用品。
2. 尝试科学小实验，进行观察记录。

活动准备： 塑料袋、纸

活动过程：

一、对比图片，导入主题

1. 出示使用塑料袋和环保袋的生活照片。
   提问：小朋友们，你们喜欢使用塑料袋还是环保袋？
小结：我们要多用环保袋，减少白色污染。

二、科学小实验

1. 猜想。

   教师：如果塑料袋和纸遇到了水会发生什么？

2. 实验。

   （1）教师出示实验材料，说明实验方法。

   （2）幼儿带着问题实际操作，探究发现。

   （3）幼儿小结。

   （4）填写科学实验观察记录表。

   （5）教师总结：初步让幼儿了解什么是垃圾"降解"。

幼儿进行科学实验　　　　　　幼儿填写观察记录表

活动4：垃圾分一分（社会）

活动目标：

1. 认识可回收、不可回收标志，学习将垃圾分类为可回收垃圾和不可回收垃圾。

2. 体验环境污染带来的影响，知道乱扔垃圾会污染环境、危害健康，树立初步的环保意识。

活动准备： 四色垃圾桶

活动过程：

一、交流分享，说说生活中的垃圾

教师：这几天你们的家里什么时候产生了垃圾？

每天我们的家里会产生许多垃圾，你们平时怎么处理这些垃圾？

二、问题思考，商讨垃圾处理方法

（一）认识垃圾分类标志

教师：老师这儿就有几个垃圾标志，我们快来看看！

1. 提问：仔细观察，你们发现了什么？（颜色、标志）这是什么标志？你们知道它们都是什么意思吗？它们是用来盛放什么样的垃圾呢？
2. 幼儿自由回答。

小结：这是可回收标志，这是不可回收标志。回收以后经过特殊处理能再为我们服务的就是可回收垃圾，这样的垃圾应该扔到可回收垃圾箱中；除了这些，剩下的就是不可回收垃圾，应该扔进不可回收垃圾箱中。

（二）垃圾分类

教师出示垃圾桶和卡片，幼儿观察并讨论，再进行垃圾分类。

小结：哦，原来废纸类、塑料类、金属类、玻璃类、织物类是可回收垃圾，易腐垃圾、有害垃圾、其他垃圾都是不可回收垃圾。希望你们和爸爸妈妈也一起对家里的垃圾进行分类，并把你们学会的垃圾分类方法告诉身边的小伙伴。

活动5：垃圾分类（语言）

活动目标：

1. 用儿歌的方式引导幼儿不乱扔垃圾，树立环保意识。
2. 分清四种不同的垃圾桶。

活动准备：儿歌

活动过程：

一、导入

出示四种不同的垃圾桶，让幼儿回顾应该丢什么样的垃圾。

二、学儿歌

教师念儿歌，请幼儿认真倾听不同颜色的垃圾桶应该盛什么垃圾。

大家一起来环保，
垃圾分类最重要，
可回收，丢蓝色，
有害垃圾丢红色，
易腐垃圾是绿色，
其他垃圾用灰色。

四、请幼儿创编儿歌动作

五、分组上台表演

活动 6：易腐垃圾小妙用（科学）

活动目标：

1. 初步了解垃圾降解。
2. 体验堆肥的过程，对科学实验感兴趣。

活动准备：香蕉皮、塑料桶、泥土

活动过程：

一、出示图片

让幼儿观察图片，不同的垃圾扔进垃圾桶后又去了哪里？

二、了解堆肥的过程，对降解有初步的认知

1. 介绍堆肥需要的材料。
2. 幼儿讨论易腐垃圾变成肥料的步骤与方法。
3. 幼儿分组进行堆肥小实验。
4. 幼儿观察小结，进行堆肥实验记录。
5. 教师小结。

活动延伸：

持续观察、记录香蕉皮堆肥的变化过程。

幼儿正在进行堆肥小实验　　幼儿观察易腐垃圾的变化

活动7：创意环保袋（美术）

活动目标：

1. 利用生活中的环保材料，小组合作共同创作环保袋。
2. 在生活中使用环保袋，提高环保意识。

活动准备：

主材料：废旧花布、旧衣服、用完的米袋。

辅助材料：花边、针线、剪刀、颜料、小印章、热熔胶和胶棒。

活动过程：

一、出示塑料袋，谈话导入

1. 你在生活中什么时候会使用塑料袋？
2. 过多使用塑料袋会给我们的环境带来哪些污染？
3. 我们能用什么代替塑料袋呢？

二、欣赏各式环保袋

1. 教师：你喜欢哪个环保袋？你知道它是用什么材料做的吗？
2. 你想用什么材料制作环保袋呢？

三、制作环保袋

1. 介绍环保袋制作的各种材料。
2. 要求：牢固、美观。
3. 注意事项：节约使用制作材料，剩余的材料垃圾要进行分类；安全使用工具。
4. 小组合作，选择材料进行创作。

四、环保袋展示

1. 幼儿把自己完成的作品挂在展示绳上，互相欣赏交流，说说自己喜欢哪个环保袋，为什么？
2. 师幼讨论：这么漂亮的环保袋可以怎么用呢？我们穿不下的衣服还可以做什么？

活动8：让小河变清（美术）

活动目标：

1. 学习用小组合作的方式将心中美丽清澈的小河绘画下来。

2. 能用画、撕、贴、粘、剪等多种方式添加小河里面的动植物和周围的景物，体验同伴合作的成就。
3. 观看河水受污染的图片，了解保护河流的重要性，逐渐形成保护环境的意识。

活动准备：

1. 受污染的小河图片及清澈美丽的小河图片。
2. 每组一张四开的画纸、水彩笔、油画棒、彩色纸、剪刀、胶水等。

活动过程：

一、了解污染的小河

1. 播放图片，观看河水污染的图片，了解保护河流的重要性。
   提问：你在图片上看到了什么？小河里有什么呢？（好像有很多垃圾，有很多污水排放到河里等）
2. 观看河水污染造成危害的视频。
   提问：河里的小鱼、小虾怎么了？河里长了些什么？河水的颜色是怎样的？

二、看看清澈的小河

教师：现在的小河又黑又脏，其实以前的小河可不是这样的，让我们来看看以前的小河是什么样子的。

1. 观看清澈美丽的小河图片。提问：以前的小河美吗？美在哪里？
2. 思考：以前的小河，美丽、清澈，里面生活着许多小动物，可是现在却变得又臭又脏。小河为什么会变成这样呢？
3. 教师：原来污水排放、乱扔垃圾等行为都是使小河的水变黑变脏的原因。

三、保护美丽的小河

讨论：我们有什么办法使小河的水变清呢？

总结：要使小河的水早日变清，仅仅依靠我们的力量是不够的。我们还要发动自己身边的人加入治理的活动。

四、画画美丽的小河

（一）发动宣传

讨论：说一说你心中的小河是什么样子的。

我们能用什么办法保护治理小河？

教师：我们可以将自己心中的小河画下来，动员大家一起加入到保护小河的行动中。

（二）讲解作画要求

1. 以小组合作的方式将心中美丽清澈的小河绘画下来。
2. 用画、撕、贴、粘、剪等方式添加小河里面的动植物和周围的景物。
3. 完成后请一到两个学生讲讲自己小组的小河作品。

（三）幼儿分组合作作画，教师巡回指导

（四）分组介绍清澈的小河

活动 9：会吃垃圾的鱼（美术）

活动目标：

1. 用各种废旧的包装纸拼贴创作"会吃垃圾的鱼"。
2. 学习给贴画进行简单装饰。

活动准备： 各种图形的纸、各种包装纸

活动过程：

一、出示图片，激发幼儿学习兴趣

教师出示河面上漂着很多垃圾的图片。

提问：你在图片中看见了什么？这些垃圾会带来哪些危害？我们应该怎么处理？

二、创作"会吃垃圾的鱼"

1. 说一说你心中"会吃垃圾的鱼"。
2. 幼儿操作，出示材料，讲解制作的步骤和方法，并提出要求。
   （1）用任意图形组合成自己喜欢的鱼。
   （2）鱼的样子、吃的垃圾、鱼的动态都是不一样的。
   （3）鱼生活在水里，可以给鱼的家装饰得美丽些，添画上水草、水泡等。
3. 幼儿操作，教师巡回指导。

三、延伸活动

请小朋友说说自己的小鱼吃了哪些垃圾。

教师：小鱼吃了垃圾会怎样？我们应该把垃圾放到哪里？

幼儿在画、剪垃圾和垃圾桶

活动10：多功能垃圾车（美术）

活动目标：

1. 了解垃圾车的不同功能。

2. 画一画多功能垃圾车，能大胆创新车的外形，并设计垃圾车的多功能装置。

活动准备：

1. 幼儿了解汽车的基本结构，初步了解垃圾车的功能。
2. 垃圾车图片多幅、画纸、记号笔、油画棒等。

活动过程：

一、谈话导入

1. 请幼儿回忆见过的垃圾车。
   教师：小朋友们，你们见过垃圾车吗？它们长什么样子？
2. 出示各种垃圾车图片，观察垃圾车的外形。
   （1）出示扫地垃圾车图片
   教师：观察扫地垃圾车，它和我们平时看到的车有什么不同吗？
   （2）出示垃圾清运车图片
   教师：垃圾清运车的外形有什么特点？

二、鼓励幼儿大胆想象心中的垃圾车

1. 布置任务。
   教师：今天，老师为大家准备了各种画纸、记号笔、油画棒等，请你们设计一辆垃圾车。
2. 讨论启发。
   教师：请你们说说你想设计的垃圾车有什么特点。

三、幼儿创作，教师个别指导

引导幼儿用彩纸线描、油画棒、剪贴等多种方式创作多功能垃圾车。

四、展示幼儿作品，分享创作思路

1. 请幼儿说一说自己设计的垃圾车独特的地方。

2. 通过认识同伴的垃圾车，了解更多种类的垃圾车的不同功能。

活动11：衣物的回收（数学）

活动目标：

1. 能按物体的一种外部特征，如颜色、大小、款式等进行分类，并能用较完整的语言说明自己分类的理由。
2. 尝试看懂图形标识，按衣服的两种特征进行分类。

活动准备： 各种衣物的图片、衣物回收箱图片

活动过程：

一、出示图片

出示衣物回收箱的图片提问：你们认识它吗？这里面放的是什么？

小结：这是衣物回收箱，回收箱用来放我们生活中不穿的旧衣服，由工作人员回收，捐献给需要的人或者再利用制作成有用的物品。

二、按衣服的一种特征进行分类

1. 出示很多衣服的图片，衣物回收站工作人员请小朋友帮忙整理分类。
   提问：你发现这些衣服有什么不一样吗？
   要求：
   （1）工作人员给每个幼儿两个箱子，请幼儿把这些衣服分成两类。
   （2）分好后拿着箱子回到自己的座位上。
2. 幼儿操作与交流。

小结：原来我们可以按照大小、颜色、款式进行分类。

三、按衣服的两种特征进行分类

1. 提问：小朋友们，现在工作人员希望我们这样做，你们看得懂吗？

2. 认识标识与要求。
3. 按要求进行操作。

小结：衣物的回收需要我们清洗后再投入回收箱。小朋友们，你们要记得告诉爸爸妈妈哟！

五、游戏活动教案

活动1：快乐的塑料瓶（体育游戏）

活动目标：

1. 积极探索瓶子的多种玩法，体验游戏的快乐。
2. 练习走、跑、跳、投等多种技能，发展身体与动作的协调性、灵活性。
3. 结合废旧塑料瓶的再利用，对幼儿进行环保知识的教育。

活动准备： 塑料瓶

活动过程：

一、创设情境，激发兴趣

小朋友，看老师手里拿的是什么？（塑料瓶）
塑料瓶可以怎么玩？

二、活动开始，教师观察

玩法一：看谁扔得远。
玩法二：我来拉小车：用绳子拴在塑料瓶口，幼儿拉着绳子，玩拉小车的游戏。
玩法三：把塑料瓶放在地上，摆成一条小河，幼儿跳过去（单腿、双腿、分腿），根据幼儿情况调整河的宽度。

三、创新玩法

教师启发幼儿：能不能想出更有趣的玩法，小朋友也可以合作来玩。可以不断启发幼儿大胆进行创新的玩法。（打棒球、保龄球）

四、结束部分

小结：废旧物品也是宝，自制玩具卫生又安全，经济又实惠。回家后和爸爸妈妈利用废旧物品制作玩具，比比谁制作得多。

活动2：好玩的塑料袋（体育游戏）

活动目标：

1. 探索塑料袋的多种玩法，进行跑、跳、投、抛等多项活动。
2. 通过一物多玩的活动，体验创新玩法带来的成功体验。
3. 增强幼儿环保意识。

活动准备：塑料袋

活动过程：

1. 热身运动。
   教师：你们知道这个塑料袋是用来做什么的吗？
   瞧！老师这个塑料袋里装的是什么呢？为什么鼓鼓的呢？

小结：小朋友们说得很好，里面装了空气，就像气球一样。

2. 小朋友尝试装空气，并把袋子扎紧。
   教师：我们一起用塑料袋来装空气吧！
3. 请小朋友示范玩法，大家一起体验玩法。
   教师：请小朋友开动脑筋仔细想一想，塑料袋除了变成大泡泡，还有哪些不一样的玩法呢？

4. 小朋友自由探索塑料袋新玩法。
   请小朋友们示范自己的玩法，然后大家一起来体验。
5. 游戏：气球飞起来。
   幼儿分成两组比赛，往返跑动时，把塑料袋装满空气变成"气球"，再传递给下一个小朋友，先完成的一组为获胜者。
6. 整理放松，结束活动。

六、亲子活动教案

活动1：环保小卫士（亲子海报）

活动目标：认识四色垃圾桶，知道它们的不同功能

活动准备：父母提前让孩子了解四色垃圾桶

实施建议：

1. 由父母带孩子到小区内和其他场所观察垃圾桶。
2. 制作爱护环境的亲子海报。

幼儿和妈妈一起认识垃圾桶的标志　　幼儿和妈妈制作亲子海报

121

活动 2：自制垃圾桶（亲子手工）

活动目标：

1. 利用可回收物自制四色垃圾桶。
2. 将垃圾分类运用到生活中。

活动准备： 收集家里可用的回收物品

实施建议：

1. 将回收物品制成四种不同的垃圾桶用于家庭的生活垃圾投放。
2. 可以用剪、粘、画等方式来装扮垃圾桶。

幼儿和家人制作的四色垃圾桶　　幼儿和妈妈一起画可回收垃圾桶标志

活动 3：变废为宝大比拼（亲子手工）

活动目标：

知道回收垃圾的重要性，激发幼儿的探索精神和创造精神

活动准备： 收集各类回收物品

实施建议：

1. 家长尽量让孩子来设计和制作。
2. 四色垃圾桶的标志和名称统一：易腐垃圾、可回收物、有害垃圾、其他垃圾。
3. 将孩子变废为宝的自制玩具投放到各个区域活动和户外游戏中。

幼儿和爸爸用塑料瓶手工制作哑铃

七、各区域投放材料及建议

建构区

名称： 垃圾回收站

投放材料： 纸盒

观察与指导要点：

1. 欣赏图片，探讨建构垃圾回收站所需材料以及建构方法，请幼儿进行表征记录。
2. 搭建过程中，教师观察幼儿的建构方法，适时进行指导，或在活动评价环节时，和幼儿一起梳理建构中好的方法。

幼儿用纸盒搭建

表演区

名称：自制乐器演奏

投放材料：废旧物品

观察与指导要点：

1. 教师和幼儿共同分析废旧材料适合制作的乐器。
2. 设计制作步骤图。（提前了解常见乐器的外形及音色）
3. 指导按设计图进行设计。
4. 引导幼儿相互配合，与同伴合作演奏。

幼儿用自制乐器演奏

美工区

名称：创意环保袋

投放材料：

收集各种材质的废旧环保袋、装饰材料、纽扣、小花、花边、小动物装饰品、衣物上拆下来的小物件、碎布

幼儿装饰环保袋

观察及指导要点：

1. 统计收集来的材料并分类摆放。
2. 引导幼儿先画设计步骤图，再按设计图拿取装饰材料。
3. 评价梳理过程中，请幼儿相互欣赏与评价。

八、班级环境创设

乱扔垃圾危害创想

自制分类垃圾桶

堆肥实验观察墙

垃圾分类探究墙

案例4　舌尖上的美食

课程说明

> 　　民以食为天。饮食文化是中华民族文化遗产的一个重要组成部分。世界上任何一个国家都有传统的饮食文化，每个地区都有与众不同的饮食习惯，而在重庆，饮食文化更是非常独特并带着浓浓的乡土气息。重庆小吃也不例外，教师引领幼儿共同走进重庆饮食文化，将身边鲜活的饮食文化带进幼儿园课堂，努力探索具有鲜明地域特色的园本课程。
>
> 　　在一次谈话活动中，老师发现孩子们对于美食有强烈的兴趣：他们想知道美食是怎么制作的，制作美食需要哪些材料，怎样才能合理健康饮食……基于孩子的兴趣，我们展开了本次美食探索活动之旅。
>
> 　　在活动前，我们先对孩子们进行了美食的调查，初步掌握孩子们对于美食的了解程度，然后通过确定美食—寻找美食—制作美食—分享美食—买卖美食这个过程，开展了一系列的美食活动，让孩子在看、做、问、吃这四个环节里了解美食。

一、课程目标

1. 知道自己是重庆人，了解重庆的饮食文化及美食街的建筑风格，利用多种感官认识重庆的美食文化。
2. 愿意与同伴合作、分享、交流自己的美食发现。

3. 学习重庆美食和小吃的制作过程，尝试和父母、同伴、老师一起动手体验烹饪的乐趣，增进亲子、同伴、师幼间的感情。
4. 萌发热爱家乡、热爱美食的情感，为自己是重庆人而感到自豪。

二、课程实施路径图或网络图

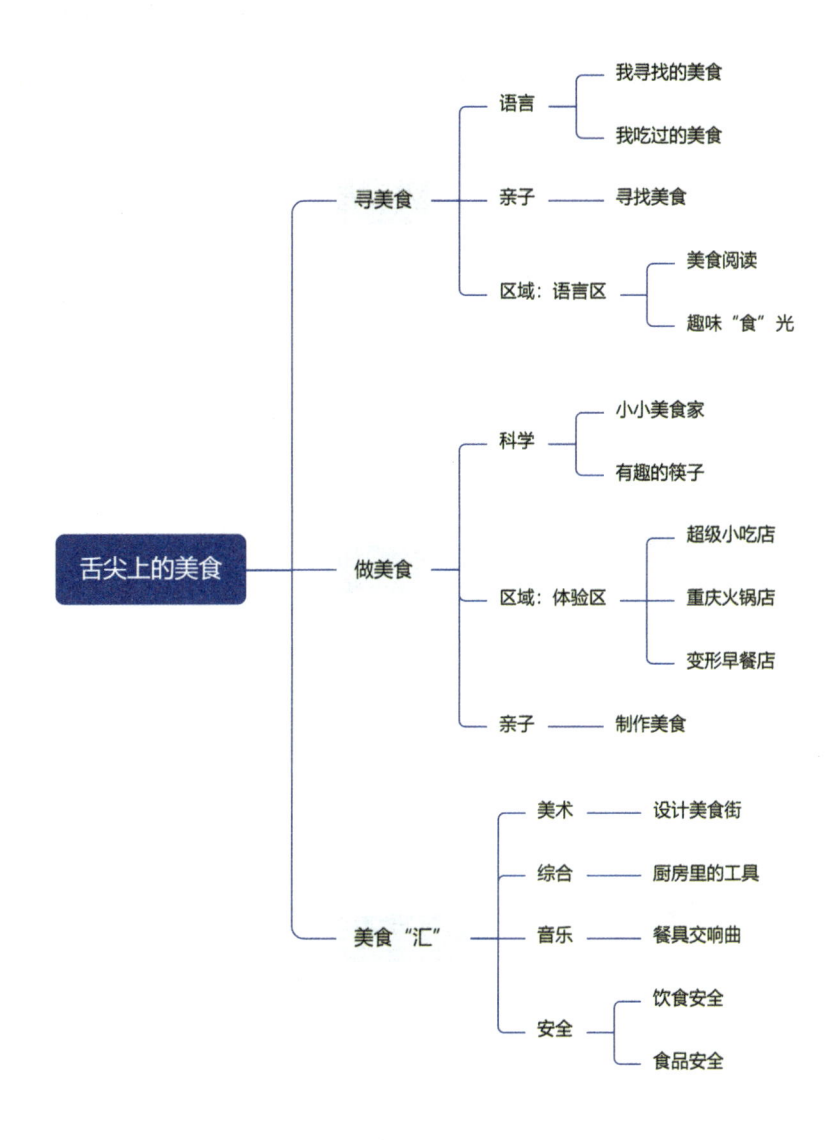

```
                          ┌─ 语言 ─┬─ 我寻找的美食
                          │        └─ 我吃过的美食
              ┌─ 寻美食 ──┼─ 亲子 ─── 寻找美食
              │           │
              │           └─ 区域：语言区 ─┬─ 美食阅读
              │                            └─ 趣味"食"光
              │
              │           ┌─ 科学 ─┬─ 小小美食家
              │           │        └─ 有趣的筷子
              │           │
舌尖上的美食 ─┼─ 做美食 ──┤        ┌─ 超级小吃店
              │           ├─ 区域：体验区 ─┼─ 重庆火锅店
              │           │        └─ 变形早餐店
              │           │
              │           └─ 亲子 ─── 制作美食
              │
              │           ┌─ 美术 ─── 设计美食街
              │           │
              │           ├─ 综合 ─── 厨房里的工具
              └─ 美食"汇" ┤
                          ├─ 音乐 ─── 餐具交响曲
                          │
                          └─ 安全 ─┬─ 饮食安全
                                   └─ 食品安全
```

中班自主探究课程《舌尖上的美食》课程网络图

三、自主探究课程计划

活动类别	活动名称	
集中教育活动	语言：我寻找的美食 科学：小小美食家 美术：设计美食街 科学：有趣的筷子 安全：饮食安全	语言：我吃过的美食 综合：厨房里的工具 音乐：餐具交响曲 安全：食品安全
区域活动	语言区：美食阅读、趣味"食"光 体验区：超级小吃店、重庆火锅店、变形早餐店 建构区：美食街	
亲子活动	寻找美食 制作美食	

四、集中教育活动教案

活动1：小小美食家（科学）

活动目标：

1. 知道几种常见调料的名称和味道特点。
2. 锻炼幼儿用嗅觉、味觉、视觉等感官对事物进行辨别的能力。
3. 体验活动带来的快乐。

活动准备：

1. 白糖、味精、盐、酱油、醋、辣椒等调料。
2. 已做好的凉拌皮蛋豆腐。
3. 汤勺若干。

活动过程：

一、教师扮演厨师，引发幼儿兴趣

教师：我是你们的超级厨娘，知道我是干什么的吗？

1. 引导幼儿回顾生活经验。

 "在家里是谁烧菜给你们吃？烧得好吃吗？都有什么味道？"

2. 提问：

 ①绿豆汤是什么味道？为什么会甜甜的？

 ②我们吃的鱼是什么味道的？为什么会咸咸的，鲜鲜的？

3. 出示调料，引导幼儿认识各种调味料。

小结：烧菜需要各种调味料，有盐、味精、酱油、醋等各种不同味道的调味料，而且这些调味料都含有不同的营养成分。

二、我来猜一猜

1. 教师出示调味料，请小朋友品尝并说出名称。
2. 教师总结各种调料的味道和作用。

 （1）人们使用调料是为了做菜时味道更好吃。

 （2）拓展调料的其他用途：醋可用来杀菌消毒；盐可加水稀释用于伤口或皮肤消毒。

三、结束：我来尝一尝

教师出示一盘已经做好的凉拌皮蛋豆腐，请小朋友尝一尝。

教师：我做了一道凉拌皮蛋豆腐，请小朋友来当小小美食家，尝一尝我做的菜好不好吃，并说说我做的菜有什么味道，里面放了哪些调味料。

活动照片

活动2：有趣的筷子（科学）

活动目标：

1. 了解筷子的产生及用途，知道筷子是中国人的独特发明。
2. 尝试使用筷子进行各种实践和游戏活动。
3. 培养幼儿小手肌肉的灵活性和手指配合的协调性。

活动准备：

1. 人手一副筷子、一个不锈钢小碟子。
2. 每6名幼儿分为一个小组，每组一个不锈钢水果盘，放入煮熟的五香胡豆粒、花生粒和豌豆粒。
3. 活泼欢快的音乐。

活动过程：

一、谜语导入

1. 谜语：姐妹双双一样长，一起工作一起忙，冷冷热热都经过，酸甜苦辣一起尝。猜一样日常生活用品。
2. 教师：（出示筷子）它可是我们中国古人的发明，那时的人们用竹子削成这样的两根细竹棍，一头细，一头粗，最初人们称它为"箸"，后来又叫筷子。现在，它可是我们吃东西时的重要工具，你们想试试吗？

二、学习活动

1. 请每一组的小组长为幼儿分发筷子与小碟子。
2. 老师巡回指导，帮助还不能正确持筷的幼儿。
   教师：细的一头向下，粗的一头向上，且两只筷子的两端要对齐，然后用大拇指、食指夹住，将中指放在两根筷子之间，这样，我们的筷子就能够自由开合夹取东西。

3. 学习筷子操。

   放音乐，幼儿跟随老师练习筷子的使用，如：并拢筷子拨饭，张开筷子夹菜，横着筷子挑面条，竖着筷子夹馒头，搅动筷子搅拌等等。可以反复多次练习。

三、实践活动

1. 小组长分发果盘。
2. 小朋友将喜欢吃的豆子夹到自己的碟子里，再用筷子夹着吃。
3. 老师巡回指导，帮助掌握得还不够好的幼儿。

活动3：饮食安全（安全）

活动目标：

1. 了解吃各种食物时要注意的安全事项，学会正确的进食方法。
2. 养成良好的进餐习惯。

活动准备：饮食安全PPT

活动过程：

一、谈话导入，饮食安全知多少

1. 引导幼儿说一说进食可能遇到的危险。
   教师：小朋友，你们知道吗？饭菜可口，零食好吃，但是如果我们在吃东西的时候不注意，会发生危险。
   小结：有些小朋友因为吃果冻造成窒息，有些小朋友中午把饭含在嘴巴里面睡觉也造成窒息等等。
2. 应该怎么做，才能够避免危险的发生？
   小结：吃饭时不能含饭在嘴巴里面，吃鱼的时候应该慢慢吃，防止被鱼刺卡到；汤太烫的话应该等一会儿再喝等等。只要我们在进食的时候多加注意，就不会发生这些危险。

二、出示图片，进一步了解进食时要注意的安全事项

1. 观察图片，说出图片内容。
2. 教师：小朋友，请你们看一看这幅图里都有什么？它是如何提醒我们进食注意事项的？

小结：细细滑滑的食物要一小口一小口咬碎以后再咽下，吃水果时要及时吐核，吃有刺的食物时要慢慢吃，过热的食物要等到稍凉以后再吃。

活动4：厨房里的工具（综合）

活动目标：

1. 了解厨房小工具，知道小工具为人们生活所带来的便捷。
2. 品尝厨房加工的菜，激发做菜的兴趣。

活动准备：

1. 厨房小工具：打蛋器、端碗夹、多功能剥皮器等。
2. 加工好的萝卜丝、豆腐干。

活动过程：

一、尝试操作，了解多功能剥皮器的使用方法

1. 出示切好的萝卜丝和豆腐干，引导幼儿观察。
   它们是什么样的？
2. 幼儿猜想萝卜丝和豆腐干是怎样切成的。
   教师：可以怎样做，使萝卜丝一样均匀，豆腐干也能切出花纹？
3. 交流讨论结果。
   教师：你们是如何做的？怎样才能做得又快又好？
4. 幼儿尝试使用多功能削皮器，教师提醒幼儿注意安全。

二、品尝萝卜丝和烧豆腐干

请厨房加工，幼儿品尝。

三、拓展幼儿的经验，激发幼儿观察成人使用小工具的兴趣

1. 幼儿讨论。

   教师：你们在家里还见过爸爸妈妈在厨房中用过什么小工具？
2. 课后延伸。

   请幼儿回家后观察父母在厨房中使用了哪些小工具及其使用方法。

活动 5：餐具交响曲（音乐）

活动目标：

1. 引导幼儿用身体动作或敲击物品表现节奏进行艺术活动。
2. 感受音乐带来的快乐，培养幼儿的艺术表现力和创造力。
3. 启发幼儿运用生活中不同物品进行打击乐演奏，感受并表现音乐的节奏美。

活动准备：

音乐《蜗牛与黄鹂鸟》；蜗牛、黄鹂鸟头饰；碗、盘子、塑料饭盒、筷子若干

活动过程：

一、听音乐入场

幼儿随老师听音乐《蜗牛与黄鹂鸟》做动作进入活动室，坐好之后，说出自己的感受。

二、感受、表达音乐

1. 感受音乐。

    播放音乐《蜗牛与黄鹂鸟》。

    教师：听后有什么感觉？是开心快乐还是悲伤忧愁？小朋友听着这首欢快的曲子想做什么？

2. 用身体的动作来表达这首曲子的欢快气氛——拍手、拍肩等等。

3. 出示餐具，引导幼儿用厨房工具表现音乐节奏。

    教师：请小朋友看看老师都带来哪些东西，你们认识它们吗？用它们可以如何表现节奏？

4. 幼儿先分组后集体进行演奏练习。

三、结束部分

小结：生活中许多物品都能发出各自不同的声音，我们还可以去探寻更多的可以演奏音乐的物品。

活动 6：食品安全（安全）

活动目标：

1. 认识食品包装上的生产日期以及安全标志。
2. 能仔细观察、分析生活中存在安全隐患的食品。
3. 增强食品安全意识，少吃垃圾食品。

活动准备：

1. 各种食品包装袋及瓶瓶罐罐。
2. 霉变及变质的食品若干。
3. 食品安全 PPT。

活动过程：

一、谈话导入

教师：你们注意到食品包装上的安全信息了吗？你们知道食品外包装上的一串数字是什么意思吗？

二、观看PPT，认识生产日期和安全标志

教师出示PPT上的生产日期及安全标志的图片，请幼儿观察并辨认。

提问：图中的数字和图案有什么用？

小结：这是生产日期、保质期以及安全标志。它们可以告诉我们所购买的食品是否安全。在保质期内的食品是安全的，过了保质期就坏掉了；有安全标志的食品是安全的，没有安全标志的食品不要购买。

三、观看PPT，学习分辨变质食品的正确方法

教师提问：面包上有什么，还能吃吗？开封后搁了一段时间的食品怎样才能知道有没有变质呢？牛奶、豆浆能在温室下放很久吗？

小结：在吃食物之前，先用眼睛仔细观察有没有霉点，是否变色，用鼻子闻一闻有没有奇怪的味道，比如酸味或者臭味。如果颜色和味道改变，就不能吃了。新鲜牛奶、豆浆在室温下不能放太久。

四、实操：观察分辨哪些食品是安全的，哪些食品存在安全隐患

教师出示各种食品，请小朋友当食品检验员。

活动7：我寻找的美食（语言）

活动目标：

1. 学习用简单的句子完整连贯地表述事物的主要特征。

2. 通过学念儿歌，引导幼儿了解家乡的小吃，并说出自己知道的小吃名称。

活动准备：

活动前请家长带孩子参观重庆的小吃街，了解重庆小吃，并收集相关图片及填写好调查问卷

活动过程：

一、我们的家乡

1. 教师：你们知道自己是哪国人吗？
2. 教师：我们生活的城市叫什么名字？我们的家乡有哪些好吃的？

二、家乡的小吃

1. 幼儿自由介绍自己寻找的小吃，教师小结。
2. 教师展示自己带来的小吃。

三、欣赏儿歌《美味的小吃》

1. 教师示范朗诵儿歌。
   提问：儿歌里说到了哪些美味的小吃？
2. 教师再次示范朗诵儿歌，按顺序出示小吃图片。

四、朗诵儿歌

1. 完整教念儿歌。
2. 幼儿朗诵儿歌。

五、仿编儿歌

教师：你们还吃过哪些美味的小吃，味道怎么样？（根据幼儿讲述，出示相关图片）

小结：我们家乡的小吃还有很多，有……这些小吃味道都很美，我们一起把这些美味的小吃都编到儿歌里吧！

你看到的美食街是什么样子的？
美食街里有哪些食物呢？
请你在美食街里找到以下食物，尝一尝，把它们的味道记录在表格里面。
卤串 / 重庆小面 / 烧饼 / 火锅
你知道制作它们需要哪些材料吗？它的制作步骤是怎样的？

问卷调查表

活动8：我吃过的美食（语言）

活动目标：

1. 学习用较完整连贯的语言表述事物的主要特征。
2. 通过念儿歌，引导幼儿了解家乡各地的小吃，并说出自己知道的小吃名称。
3. 愿意在集体面前讲述。

活动准备：家乡小吃图片若干

137

活动过程：

一、教师提问，引出话题，激发幼儿讲述的兴趣

1. 出示图片，请幼儿说一说图上有什么。
2. 幼儿提取生活经验，自由讲述。
   你们吃过哪些好吃的东西呢？（鼓励幼儿大胆地讲述，并能注意倾听同伴的讲述）
3. 激发幼儿倾听、讲述的兴趣。
   有一首儿歌里说了很多我们家乡的小吃，让我们一起来听一听都有哪些美味的小吃。

二、通过儿歌了解家乡的典型的小吃，并说出儿歌中小吃的名称

1. 教师朗诵儿歌，幼儿倾听。
   请你仔细听一听儿歌中说了什么。（请幼儿自由讲述所听到的儿歌中的内容，教师对幼儿说到的儿歌中的小吃名称进行重复、总结，帮助幼儿加深印象）
2. 教师边朗诵儿歌边出示相应小吃的图片。
   （1）让我们再来听听这首儿歌，看看儿歌中的美味小吃。
   （2）引导幼儿一起看着图片，认一认图中的小吃，说一说它们的名称。
   （3）请幼儿跟着老师边看图边朗诵儿歌。

三、引导幼儿拓展讲述内容

请幼儿说说自己还知道家乡的哪些小吃。

四、尝试用幼儿说出的小吃名称对儿歌进行仿编

活动9：设计美食街（美术）

活动目标：

1. 大胆设计自己喜欢的美食店，体验设计美食店的乐趣。
2. 养成能在活动中使用礼貌用语的良好习惯。

活动准备：

1. 幼儿和家长一起了解各地风味美食、小吃。
2. 了解重庆美食街的建筑特征。

活动过程：

一、谈话导入，激发幼儿游戏兴趣

请幼儿介绍自己寻找美食的美食街是什么样子的。

二、引导幼儿讨论设计美食街，为美食一条街的开业做准备

1. 教师：今天我们来设计美食一条街，可以有新疆小吃、兰州小吃、天津小吃等各种天南地北的小吃。你们想怎么设计美食街呢？
2. 幼儿自由分组，设计自己喜欢的小吃店。
3. 教师巡视并指导幼儿的分组及设计情况。

幼儿打卡重庆美食小吃

三、大胆介绍

大胆介绍自己设计的美食街的外形、名字。（鼓励幼儿在游戏中使用礼貌用语）

四、结束

1. 组织幼儿投票选出自己喜欢的美食街设计。
2. 带领幼儿整理游戏场地，收拾材料和工具。

活动照片：

五、亲子活动教案

活动1：寻找美食

我班的自主探究课程《舌尖上的美食》，前期主要是积累经验，了解各种各样的重庆美食。为了让孩子了解美食的种类，并亲自观察和感受重庆美食街的特点，特别利用了家长资源，让家长陪同孩子一起去寻找美食。

活动2：制作美食

为了把课程深入到每个家庭中，让家长们也参与到我们的活动中来，引导孩子共同探索舌尖上的美食，邀请家长到幼儿园给孩子制作美食。

活动3：家长制作美食食谱，投放在区角

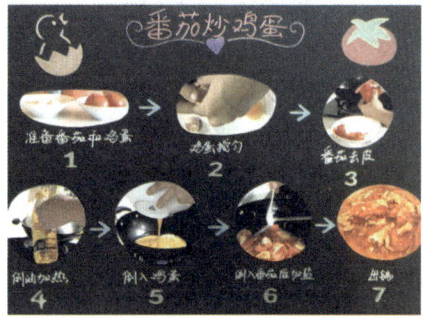

六、各区域投放材料及建议、照片说明

语言区

活动名称： 美食阅读、趣味"食"光

新投放材料：

绘本《难吃的水果》《饺子和汤圆》《要是你给老鼠吃饼干》《獾的美食》等、自制美食书

观察与指导要点：

1. 有层次地投放各类关于美食的绘本，后期投放亲子自制绘本。

2. 幼儿讲解自己的美食绘本。

体验区

活动名称：

超级小吃店、重庆火锅店、变形早餐店

新投放材料：

各种各样的美食食材、餐具、各种盘子、各种碗、菜板、擀面杖、电磁炉、锅、插线板、榨汁机、佐料、围裙、厨师帽等

观察与指导要点：

1. 体验区切水果，制作美食，榨果汁，制作水果沙拉……
2. 品尝自己制作的美食。

建构区

活动名称： 美食街

新投放材料：美食街图片

观察与指导要点：

1. 观察美食街建筑特点进行搭建。
2. 幼儿互评建构作品，做到儿童教儿童。

七、班级环境创设

美食经验积累 　　　美食课程生长树 　　　美食探索亲子活动

饮食金字塔 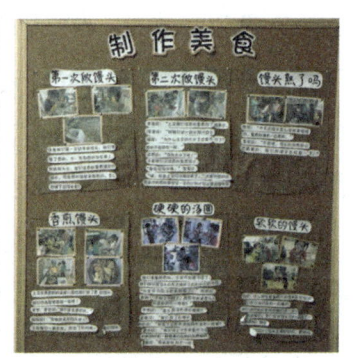　　　面食探索过程

案例 5 神奇泡泡

课程说明

> 午饭前,珊珊在洗手的时候和旁边的几个小朋友大声地聊着:"哇!好多好多的白泡泡!"小衡:"我吹它,它飞不起来!"文文:"池子里泡泡是透明的。"涵涵:"好多泡泡在我的手里。"孩子们一边玩着肥皂泡泡,一边兴奋又激动地讨论了起来。于是,关于泡泡的神奇故事就在我们身边开始了。
>
> 我们一起寻找泡泡,玩泡泡,在生活中发现有很多不一样的泡泡。小朋友们也陆续产生了很多关于泡泡的疑问。泡泡水没有了,泡泡水怎么做呢?所有工具都能吹出泡泡吗?我们只能吹出一种形状的泡泡吗?孩子们在生活中找来了各种各样的吹泡泡工具,吹出了不一样的泡泡。泡泡水用完了,我们一起尝试用洗发水、洗衣粉、沐浴露、洗手液、香皂、肥皂等各种各样的材料来自制泡泡水。
>
> 泡泡和我们的生活息息相关,我们喜欢泡泡,我们用泡泡打开了天马行空的想象。课程就在儿童的生活中,就在儿童的行动中,我们和孩子在泡泡的世界里一起游戏,一起挑战,一起丰富经验,一起成长。

一、课程目标

1. 观察并发现生活中各种各样的泡泡,了解泡泡的作用各不相同。

2. 在探秘泡泡的过程中，尝试并喜欢用绘画记录新发现。
3. 乐于探索泡泡的秘密，尝试制作泡泡水和吹泡泡工具，并进行创造性的游戏。
4. 体验探索泡泡的乐趣，发现泡泡在生活中的实际运用，并尝试进行实践操作，养成良好的卫生习惯。

二、课程实施路径图或网络图

神奇泡泡
- 发现泡泡
  - 亲子调查：寻找泡泡
- 了解泡泡
  - 语言：泡泡在哪里？
  - 社会：生活中的泡泡
  - 语言：儿歌《吹泡泡》
  - 音乐：《噜啦啦》
  - 阅读：《淘气的泡泡》
  - 语言：家里的泡泡器
- 制作泡泡
  - 科学：初试制作泡泡水
  - 科学：第二次制作泡泡水
  - 科学：泡泡的形状
  - 科学：泡泡的颜色
  - 亲子制作：吹泡泡工具
- 玩泡泡
  - 美术：漂亮的泡泡
  - 美术：吹泡泡画
  - 美术：泡泡纸涂鸦
  - 健康：合作运球

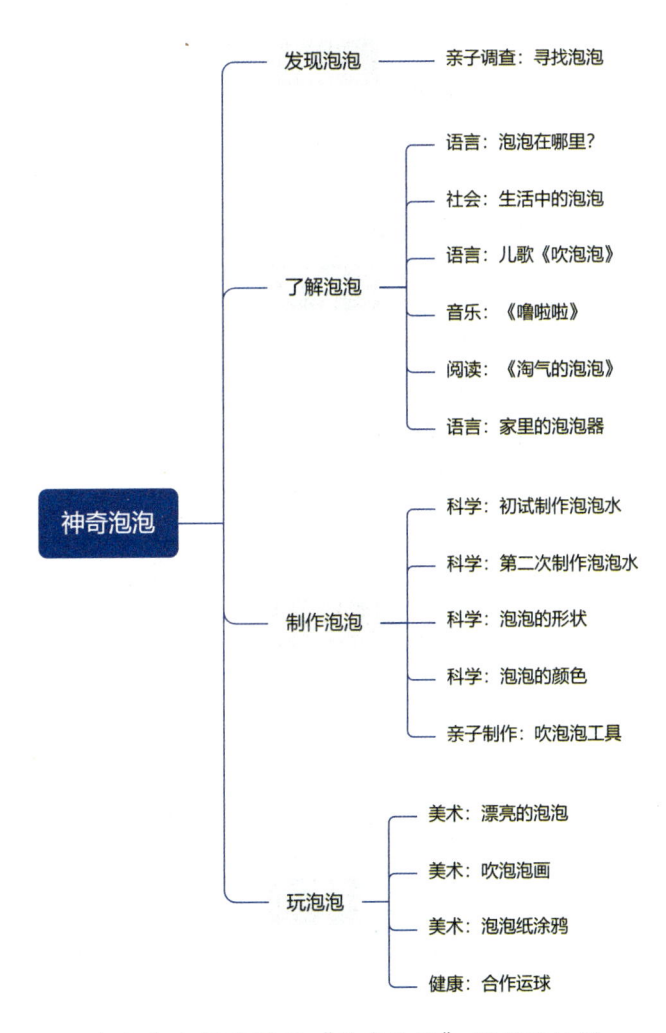

中班自主探究课程《神奇泡泡》课程网络图

三、自主探究课程计划

活动类别	活动名称
集中教育活动	语言：泡泡在哪里？ 社会：生活中的泡泡 美术：漂亮的泡泡 科学：初试制作泡泡水 科学：第二次制作泡泡水 语言：儿歌《吹泡泡》 音乐：《噜啦啦》 阅读：绘本《淘气的泡泡》 语言：家里的泡泡器 科学：泡泡的形状 科学：泡泡的颜色 美术：吹泡泡画 美术：泡泡纸涂鸦 健康：合作运球
区域活动	图书区：《泡泡大战》 图书区：《淘气的泡泡》 图书区：《冒泡泡的水》 主题区：泡泡都是圆的吗？ 主题区：幼儿园里的泡泡器 主题区：制作泡泡水 主题区：制作泡泡器 美工区：吹泡泡画 美工区：气泡膜画 美工区：印泡泡 建构区：泡泡乐园
亲子活动	亲子问卷：寻找泡泡 亲子制作吹泡泡工具

四、集中教育活动教案

活动1：泡泡在哪里？（语言）

活动目标：

1. 能在教师引导下用句式"我在……找到……泡泡"，较完整地描述找到的泡泡。
2. 尝试表征记录并大胆地在集体面前进行表达。

活动准备： 纸、笔、幼儿寻找泡泡的图片

活动过程：

一、谈话导入

孩子们，周末和爸爸妈妈一起寻找泡泡，你们都找到泡泡了吗？在哪里找到的呢？

二、尝试用"我在……找到……泡泡"

1. 引导幼儿用句式"我在……找到……泡泡"来描述自己找到的泡泡。
2. 小组分享，鼓励幼儿大胆表达。

三、小结

原来，我们在生活中可以发现很多地方都有泡泡，比如：用肥皂洗手、洗澡、洗衣服或者在灶台上煮东西的时候都会有泡泡。

活动 2：生活中的泡泡（社会）

活动目标：

1. 发现生活中常见的各种各样不同的泡泡。
2. 了解不常见的泡泡。
3. 感受玩泡泡的乐趣。

活动准备： PPT《生活中各种各样的泡泡》

活动过程：

一、出示泡泡图片，回顾导入

1. 你们找到了哪些泡泡？在哪里找到的？

小结：原来大家找到了各种各样的泡泡，有肥皂泡、可乐气泡、灯泡等。

2. 你们还发现了哪些不同的泡泡？
3. 展示在我们的生活中其他不同的泡泡。

小结：雨水落在地上会产生泡泡，烧热水的时候会有泡泡，小鱼也会吐泡泡，我们的嘴巴也会吐泡泡，等等。

二、给泡泡分类

泡泡可以怎么分类呢？你们想怎么分？

小结：泡泡可以分为漂亮的泡泡、健康的泡泡、好玩的泡泡、危险的泡泡。

三、玩泡泡

组织幼儿户外玩泡泡。

活动3：漂亮的泡泡（美术）

活动目标：

1. 大胆用多种方式画大大小小的泡泡。
2. 尝试用涂刷表现大大小小的圆圈泡泡。
3. 体验美术活动的乐趣。

活动准备：

1. 人手一张画小金鱼的画纸。
2. 各种颜色的油画棒。
3. 已调好的红、黄、蓝三种颜料。

活动过程：

一、情景导入

1. 小鱼儿们，今天鱼妈妈带你们到大海里去玩！游啊游，游啊游，摇摇尾巴点点头，游啊游，游啊游，小鱼游得真开心。
2. 教师利用泡沫印章工具印泡泡。
3. 教师用蜡笔画泡泡。
4. 你们想画出一个什么颜色的泡泡呀？

小结：颜料可以画泡泡，蜡笔可以画泡泡，可以画单色的泡泡，也可以画彩色的泡泡。

二、幼儿操作

1. 引导幼儿创作不同类型的泡泡。
2. 鼓励幼儿大胆创作。

三、评价分享

介绍自己的作品，说说自己的泡泡是什么颜色的。

活动照片：

幼儿用颜料和蜡笔画泡泡

活动4：初试制作泡泡水（科学）

活动目标：

1. 感知泡泡的特点。
2. 操作中发现吹出来的泡泡都是圆形的。
3. 愿意大胆尝试，并与同伴分享自己的心得。

活动准备：

1. 大小不同的吸管。
2. 肥皂、洗衣粉、洗洁精、食盐、醋、白糖、酱油等。
3. 清水、废旧电线丝做成的不同形状的吹泡泡工具。

活动过程：

一、猜测

所有的水都能吹出泡泡吗？

小结：很多水都不能吹出泡泡，包括自来水、矿泉水、饮料等，可以吹出泡泡的水是一种特别调制的泡泡水。

二、制作泡泡水

让幼儿尝试把带来的材料放到水里，在能吹出泡泡的材料旁边做上记号。

小结：泡泡水跟普通的水是有区别的，所放的东西也是有选择的，一般在清水中加香皂、肥皂、洗衣粉、洗涤剂，才可以做成泡泡水，但水不能太多，否则吹不出泡泡。

三、选择不同材料吹泡泡

1. 体验用大小不同的吸管和形状不同的铁丝圈吹泡泡。
2. 你们有什么发现吗？

小结：大吸管吹出的泡泡大，小吸管吹出的泡泡小；吹泡泡的工具虽然形状不同，但吹出的泡泡都是圆形的。

幼儿第一次制作泡泡水

活动5：第二次制作泡泡水（科学）

活动目标：

1. 探究能吹出单个泡泡的方法。（泡泡水的比例或者工具的选择）
2. 通过实验，了解制作泡泡水各材料的比例。
3. 愿意大胆尝试，并与同伴分享自己的心得。

活动准备：

1. 大小不同的吸管。
2. 实验材料，包括洗衣粉、洗洁精、白糖等。
3. 实验记录单。

活动过程：

一、回顾第一次制作泡泡水的情况

1. 制作泡泡水需要哪些材料？

小结：水、洗衣粉、洗洁精、白糖混合在一起能制作泡泡水。

2. 同时，我们也发现了问题，即吹不出独立的一个一个的泡泡。今天我们再来试一试。

二、幼儿实验

1. 根据经验绘制实验前设计表。
2. 实施实验，再一次记录进行对比。
3. 幼儿分享制作神奇泡泡水的心得。

三、分享实验经验

根据实验单，分享成功的经验。

小结：用洗洁精、洗衣粉和水兑出的泡泡水能吹出泡泡，里面只要加入糖增加黏度，就能吹出单个的泡泡。

幼儿分小组填写记录单　　　　　　幼儿探索制作泡泡

附：制作泡泡水记录表

序号	材料	是否成功
1		
2		
3		
4		

活动6：儿歌《吹泡泡》（语言）

活动目标：

1. 学习句式"××是××吹出的泡泡"，并展开想象仿编儿歌。
2. 学会观察周围的事物，发现自然界有许多事物互相之间存在着联系或从属关系。
3. 激发幼儿科学探索的兴趣和对大自然的热爱之情。

活动准备： 绘本PPT、图片

活动过程：

一、谈话导入

我们吹出来的泡泡是怎么样的？今天老师还带来了许多不一样的泡泡，大家来看看是什么泡泡？

小结：这些不一样的泡泡是一些特别的泡泡。

二、学习儿歌

1. 出示星星泡泡图，你们知道这个泡泡是谁吹出的吗？

小结：引导幼儿说星星是月亮吹出的泡泡。

2. 露珠是小草吹出的泡泡。
3. 鸡蛋是母鸡吹出的泡泡。
4. 蝌蚪是青蛙吹出的泡泡。

小结：幼儿根据图片把四句儿歌连贯起来。

5. 最后再加上两句，使这首儿歌变成一首完整的儿歌："吹呀吹，吹泡泡，我吹的泡泡是一首首歌谣。"

三、创编儿歌

1. 在我们的生活中，还有哪些东西是吹出来的泡泡呢？请幼儿思考并回答。
2. 分小组讨论，并组合成一首新的儿歌。

四、延伸：户外吹泡泡

活动 7：《噜啦啦》（音乐）

活动目标：

1. 学唱歌曲，大胆用动作表现洗澡时的快乐，并随着乐曲的变化加以表现。
2. 知道洗澡可以让自己变得干净健康。
3. 乐意参加音乐活动，体验音乐活动中的快乐。

活动准备：音乐《噜啦啦》、洗澡动作图片

活动过程：

一、自由表现洗澡

现在是什么季节呀？出了汗怎么办呀？你是怎么洗澡的？让我们一起听着音乐开始吧。

小结：小朋友表现很好，我发现了好多不一样的动作。

二、创编洗澡动作

1. 讨论：你是怎么洗澡的？洗了哪里？
2. 自由创编并梳理创编的动作：请个别幼儿上来表演，教师根据幼儿所说，出示动作图谱或即兴画出洗澡动作。
3. 根据小朋友的描述，随音乐表演。

三、辨别音乐节奏快慢

1. 完整欣赏音乐，感受节奏快慢。
2. 有个小朋友喜欢一边洗澡一边听歌，你们听一听这首歌哪里节奏快，哪里节奏慢？音乐快的时候应该怎么洗呢？慢的地方呢？
3. 分段感受并表演。
4. 完整听音乐表演。

小结：让我们一起听着音乐洗个澡吧！小耳朵要仔细听，音乐快的地方要快快洗，音乐慢的地方要慢慢洗。

四、幼儿多形式表现：帮同伴洗澡

1. 边唱边做动作表现歌曲。
2. 同伴合作表现歌曲。

活动8：绘本《淘气的泡泡》（阅读）

活动目标：

1. 根据故事内容，理解妈妈着急的心情。
2. 积极思考营救小宝宝的办法。
3. 乐于在集体中表达自己的想法。

活动准备： 绘本《淘气的泡泡》、图片

活动过程：

一、出示绘本封面

今天老师带来了一本关于玩泡泡的绘本，你发现了什么？猜一猜发生了什么事情？

二、幼儿观察绘本1—3页，猜测故事内容

1. 你看到了什么？猜一猜发生了什么？（引导幼儿用完整的句子表达）
2. 如果你是小梅，你的心情是怎么样的呢？猜一猜妈妈的心情又是怎样的。

小结：小梅害怕弟弟被带走，妈妈担心宝贝会掉下来。

三、阅读4—17页，想出解救宝宝的办法

1. 师幼共读，感受大家担心小宝宝安全的心理状态。
2. 小宝贝发生了危险，大家都很着急，都想快点救出宝宝。如果是你，你有什么办法可以救宝宝？请把自己的想法画出来。
3. 幼儿分享自己的方法。

四、自主阅读

1. 继续阅读绘本最后部分，了解小宝宝是怎么被救下来的。
2. 自主翻阅绘本《淘气的泡泡》。

活动 9：家里的泡泡器（语言）

活动目标：

1. 找到能吹出泡泡的工具。
2. 乐意并能用语言清晰地表达自己寻找吹泡泡工具的过程。

活动准备： 在家里寻找泡泡器的图片

活动过程：

一、谈话导入

1. 你们都找到哪些可以吹出泡泡的工具？
2. 出示照片，请幼儿结合照片在小组内分享自己找到的吹泡泡工具。
3. 幼儿分享，教师巡回观察和倾听。

小结：小朋友发现了很多吹泡泡工具，有漏勺、吸管、有洞洞的玩具等。

4. 大家找到了那么多的吹泡泡工具，你们有没有发现它们的共同特点呢？

小结：原来只要有洞洞的东西就能吹出泡泡。

吹泡泡工具

二、吹泡泡

1. 你们带来的工具吹出来的泡泡都是一样的吗？
2. 幼儿体验吹泡泡并验证。

小结：不一样的工具吹出来的泡泡是不一样的，有的是一个一个的泡泡，有的是两个泡泡挨在一起，有的是一串泡泡。

吹泡泡

157

活动10：泡泡的形状（科学）

活动目标：

1. 在玩泡泡的过程中，发现各种工具吹出的泡泡都是圆形的。
2. 体验与感受吹泡泡的乐趣。

活动准备：

三角形、圆形、正方形、心形、五角形的吹泡泡工具，已配好的溶液

活动过程：

一、吹泡泡导入

1. 欢迎小朋友们来到泡泡乐园。你们喜欢吹泡泡吗？
2. 玩吹泡泡的游戏。

小结：吹出了好多圆形的泡泡。

二、出示不同形状的吹泡泡工具

1. 今天，老师给你们带来了不同形状的吹泡泡玩具。
2. 你们猜一猜，用这些玩具吹出的泡泡可能是怎样的？
3. 幼儿体验用不同形状的泡泡工具吹泡泡。
4. 你们吹出了什么样的泡泡？

小结：原来用各种各样形状的工具吹出来的泡泡都是圆形的。

三、制作吹泡泡工具

1. 鼓励幼儿制作更多的不同形状的吹泡泡工具。
2. 再次尝试吹泡泡。

小结：小朋友们又做出了不一样的泡泡器，但吹出来的泡泡还是圆形。

3. 幼儿自由吹泡泡。

幼儿制作工具验证泡泡形状

活动11：泡泡的颜色（科学）

活动目标：

1. 通过实验，验证泡泡会不会变色。
2. 喜欢科学探究活动。

活动准备： 各种颜料、吸管、泡泡水

活动过程：

一、谈话导入

1. 泡泡有颜色吗？我们能制作出有颜色的泡泡吗？
2. 请幼儿猜测怎么制作出有颜色的泡泡。

小结：大部分小朋友都觉得在泡泡水里加上颜料就能做出有颜色的泡泡。

二、幼儿实验

1. 那我们就来试一试，加上自己想要颜色的颜料。
2. 幼儿将颜料加入泡泡水进行试验。

小结：原来加入颜料吹出的泡泡还是透明的。

三、幼儿户外吹泡泡

幼儿实验现场

活动 12：吹泡泡画（美术）

活动目标：

1. 尝试运用吹泡泡的方法作画，体验不同作画方式的乐趣。
2. 在活动中有良好的绘画卫生习惯。

活动准备：

物质准备：范例；红、黄、绿三种颜料的洗洁精水；吸管；画纸；垫板。
知识准备：已经会用吸管吹泡泡。

活动过程：

一、玩接泡泡游戏，引起兴趣

1. 现在老师来吹泡泡，你们试试看用小手能不能把这美丽的泡泡接住。
2. 刚才你们接住泡泡了吗？泡泡在哪里呀？

小结：这些美丽的泡泡停留的时间太短了，宝宝的小手一碰到它们就破了，真可惜。

3. 宝宝能想个办法把这些美丽的泡泡留住吗？

小结：小朋友办法可真多，可以拍照、可以画下来等等。

二、播放作画视频，引起作画兴趣

1. 你们知道吗？可以用吹泡泡的方式画画，一起来看看吧！
2. 播放视频。

小结：我们是用吸管把泡泡吹出来的。

3. 请幼儿作画，教师巡回指导。

三、评价、分享作品

鼓励幼儿发挥想象，说一说吹出的泡泡画像什么。

小结：小朋友们吹出了很多泡泡，圆圆的泡泡像气球、像皮球等等。

活动 13：泡泡纸涂鸦（美术）

活动目标：

1. 自由选择色彩，尝试用印章印画。
2. 感受大大小小圆圆的泡泡，能用多种颜色的颜料印画。
3. 体验印画的乐趣。

活动准备：瓶盖、颜料

活动过程：

一、出示泡泡纸

1. 你们知道这是什么纸吗？它与平时的纸有什么不同？
2. 触摸感受泡泡纸的不同。

小结：泡泡纸全身都长满了泡泡，软软的，它最主要的用处是打包裹，防止物品因碰撞而坏掉。

二、泡泡纸涂鸦

1. 泡泡纸还可以用来装饰教室，怎么让泡泡纸变漂亮一点呢？
2. 幼儿自由涂鸦。

幼儿分组在泡泡纸上涂鸦

活动 14：合作运球（健康）

活动目标：

1. 尝试和小伙伴合作运气球，提升身体的协调性。
2. 乐于参与体育游戏，感受体育游戏的乐趣。

活动准备：气球若干

活动过程：

一、开始部分

热身活动，教师带领幼儿活动身体，重点活动腿部肌肉。

二、探究合作运球的方法

1. 如果手不碰球，两两合作怎么把球运到对面？

2. 幼儿两两尝试。

3. 分享用到了哪些方法。

三、游戏：合作运球

1. 将幼儿分成四组，用刚刚想到的方法运球，看哪组速度最快。

2. 鼓励幼儿尝试别人的方法，对比哪种方法最好。

四、活动结束

教师带领幼儿做抖抖小脚、踢踢腿等动作，进行放松活动。

幼儿运球游戏

五、各区域投放材料及建议

图书区

名称1：泡泡大作战

投放材料：笔、绘本《泡泡大战》、绘本阅读记录单

163

观察与指导要点：

1. 幼儿根据绘本内容理解小朋友之间应该友好竞争。
2. 引导幼儿根据前面的故事内容，尝试续编故事，并记录下来。
3. 喜欢绘本故事，积极参与活动。

名称2： 绘本《淘气的泡泡》

投放材料： 笔、绘本《淘气的泡泡》、绘本阅读记录单

观察与指导要点：

1. 幼儿能够根据故事内容理解妈妈着急的心情。
2. 引导幼儿开动脑筋想办法救小宝宝，并且能够绘制解救小宝宝的思维导图。
3. 引导幼儿喜欢绘本故事，积极参与活动。

主题区

名称1： 泡泡都是圆的吗？

投放材料： 泡泡水、不同形状的泡泡器

观察与指导要点：

1. 幼儿探索用不同形状的工具吹泡泡，尝试使用记录表记录所吹出泡泡的形状。
2. 幼儿能大胆动手操作，体验动手操作的乐趣。
3. 引导幼儿能够按标识拿取、收放、整理材料。

名称 2：制作泡泡水

新投放材料：洗洁精、洗衣粉、白糖、胶水、乳白胶等

观察与指导要点：

1. 引导幼儿大胆尝试。
2. 鼓励幼儿调配出适宜比例的泡泡水，并尝试用自己的方式进行记录。
3. 幼儿大胆分享自己的实验结果。

名称 3：制作泡泡器

投放材料：毛茛、可连接玩具、自制泡泡水、制作大泡泡视频

观察与指导要点：

1. 引导幼儿探索用不同材料制作泡泡器。
2. 鼓励幼儿大胆动手操作，体验动手操作的乐趣。
3. 引导幼儿能够按标识拿取、收放、整理材料。

美工区

名称 1：吹泡泡画

投放材料：颜料、自制泡泡水、吸管、纸

观察与指导要点：

1. 幼儿用吹泡泡的方法作画，体验不同作画方式的乐趣。
2. 引导幼儿养成良好的绘画习惯，注意卫生。

名称2：气泡膜画

投放材料：气泡膜、颜料

观察与指导要点：

1. 引导幼儿说出创作物体的基本外形特点。
2. 观察幼儿能否蘸上颜料大胆进行印画创作。

六、亲子活动教案

活动1：亲子问卷调查

活动目标：

1. 通过寻找泡泡过程，了解与泡泡相关的知识。
2. 通过亲子活动，增进亲子感情。

活动准备：《寻找泡泡》调查表

实施建议：

1. 亲子共同完成。
2. 做好记录，完成相应表格。

《寻找泡泡》调查问卷展示墙

活动2：亲子制作吹泡泡工具

活动目标：

1. 利用废旧材料制作泡泡器。

2. 尝试用制作的泡泡器吹泡泡，并记录吹出的泡泡形态。

3. 通过亲子活动，增进亲子感情。

活动准备： 废旧材料

实施建议：

1. 亲子共同完成。
2. 做好记录，完成相应表格。

七、班级环境创设

展示墙

课程起源及前期调查　　　　制作泡泡水和吹泡泡工具

课程起源　　　　　　　颠倒世界

模块三

大 班

案例1　超级闪电电影工厂

案例2　哇！轻轨

案例3　子弹快递

案例4　布的秘密

案例5　春天里，运动会

案例6　上学路上

案例7　我的情绪小怪兽

案例1　超级闪电电影工厂

课程说明

> 《超级闪电电影工厂》这个主题从孩子的兴趣出发，孩子们在创编和表演的过程中与其他小朋友进行分工与合作，在这个过程当中不断地去发现问题和解决问题，孩子们勇敢地去实现自己的梦想，最终体验成功的喜悦！
>
> 午饭后，孩子们端起小板凳像往常一样坐在走廊上聊天。
>
> 栖栖："我昨天去看电影了，里面有个灰姑娘，她好漂亮。"
>
> 心秦："我也去看了电影。我最喜欢聪明的阿凡提，他还有一头毛驴！"
>
> 悦悦："我喜欢里面的古丽莎。"……
>
> 越来越多的宝贝加入了电影探讨的话题，有的还兴奋地表演着电影里面的情节。
>
> 在《超级闪电电影工厂》这个主题活动中，我们从孩子的兴趣出发，和孩子一起展开想象，创编电影剧本；发动家长的力量，和孩子一起走进电影的世界，了解电影的拍摄过程，制作属于自己的电影道具；最后，我们一起练习表演，完成电影拍摄，并将拍摄的电影剪辑成片进行放映。

一、课程目标

1. 通过实践体验，了解电影的相关知识，完成电影拍摄。

2. 敢于挑战自我，实现电影梦想，感受拍摄完成的喜悦，增强自信。

3. 在小组学习中分工与合作，增强团队意识。

二、课程实施路径图或网络图

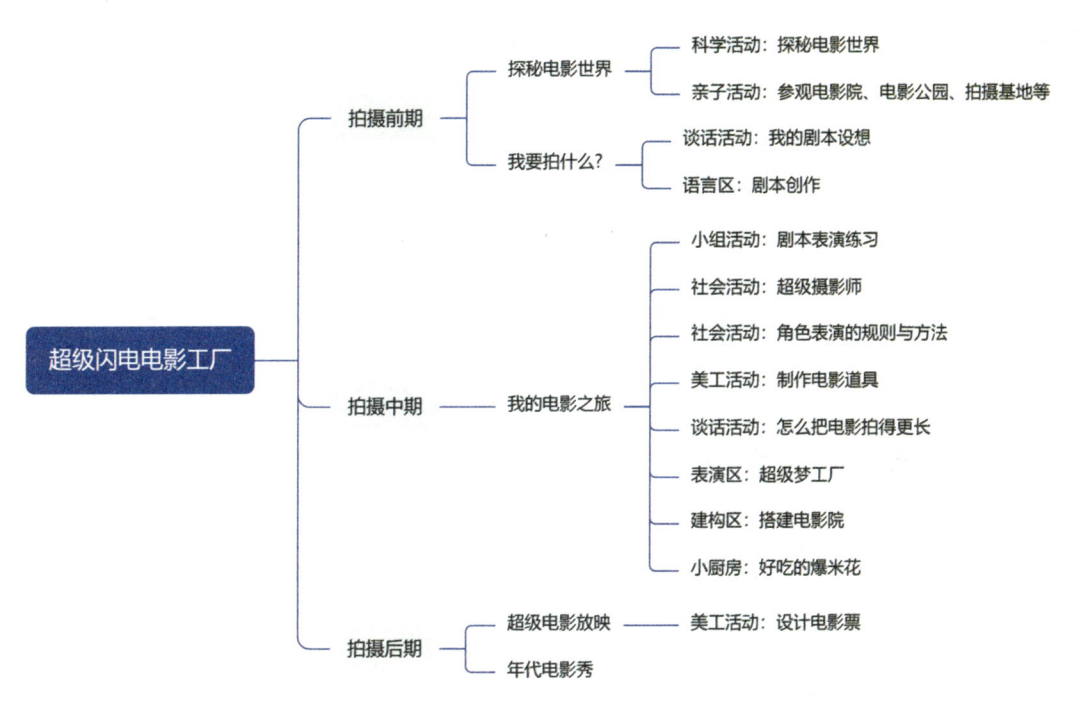

```
超级闪电电影工厂
├── 拍摄前期
│   ├── 探秘电影世界
│   │   ├── 科学活动：探秘电影世界
│   │   └── 亲子活动：参观电影院、电影公园、拍摄基地等
│   └── 我要拍什么？
│       ├── 谈话活动：我的剧本设想
│       └── 语言区：剧本创作
├── 拍摄中期 —— 我的电影之旅
│   ├── 小组活动：剧本表演练习
│   ├── 社会活动：超级摄影师
│   ├── 社会活动：角色表演的规则与方法
│   ├── 美工活动：制作电影道具
│   ├── 谈话活动：怎么把电影拍得更长
│   ├── 表演区：超级梦工厂
│   ├── 建构区：搭建电影院
│   └── 小厨房：好吃的爆米花
└── 拍摄后期
    ├── 超级电影放映 —— 美工活动：设计电影票
    └── 年代电影秀
```

大班自主探究课程《超级闪电电影工厂》课程网络图

三、课程计划

活动类别	活动名称
集中教育活动	科学：探秘电影世界 语言：我的剧本设想 小组：剧本表演练习 社会：超级摄影师 美工：制作电影道具 语言：怎么把电影拍得更长 社会：角色表演的规则与方法

171

续表

活动类别	活动名称
区域活动	语言区：剧本创作 表演区：超级梦工厂 建构区：搭建电影院 美工区：七彩小作坊 小厨房：五味小厨
亲子活动	社会活动：探秘电影世界——参观电影院、电影公园、影视拍摄基地等 美工活动：制作电影道具 舞台表演：年代电影秀

四、集中教育活动教案

活动1：探秘电影世界（科学）

活动目标：

1. 通过观看视频，了解电影拍摄的发展历程。
2. 初步了解电影的拍摄过程，尝试用思维导图的形式记录电影拍摄流程。
3. 通过活动，增强对电影拍摄的兴趣，有自己拍摄电影的意愿。

活动准备：PPT、老电影及新电影拍摄视频、电影片段

活动过程：

一、视频欣赏，说说自己的想法

引导幼儿观看近期放映的电影片段以及老电影的片段，请幼儿通过对比，说一说自己的感受。

教师：看了这两段电影，你们觉得这两段电影有什么不同？猜猜这两段电影不同的原因是什么。

二、进一步了解电影发展的历程

教师：受年代和技术发展水平的影响，这两段电影所呈现的拍摄效果有所不同。那么，电影拍摄是怎么发展起来的呢？我们一起来了解一下吧。

三、分组讨论：你想怎么拍电影

1. 请幼儿分组讨论，说一说自己想要怎么拍摄电影，需要用到哪些材料，需要通过哪些步骤完成拍摄。
2. 请幼儿用思维导图的形式记录自己设想的电影拍摄过程。
3. 教师根据幼儿回答进行梳理和小结。

四、活动延伸

以小组为单位收集电影拍摄所需器材，投放到表演区，并在区域活动中进行电影拍摄的练习。

活动2：我的剧本设想（语言）

活动目标：

1. 能够通过谈话、讨论，大胆表达自己的想法，说一说自己想拍什么样的电影。
2. 充分发挥想象力和创造力，尝试将零散的想法整合串联成完整的剧本。
3. 通过小组讨论，完成剧本创作，体验创作的乐趣。

活动准备：

1. 经验准备：在前期的周记中已经思考过自己想要拍摄什么样的电影。

2. 物质准备：周记本、纸、笔。

活动过程：

一、按照周记中幼儿的想法进行分组，确定每组剧本的大致角色安排

1. 教师：上一周小朋友们关于电影剧本的"周记"老师都看过了。有的小朋友想演古丽仙，有的小朋友想演汪汪队，我们一起来看一看大家都想到了哪些角色吧。
2. 将幼儿想要扮演的角色逐一呈现在黑板上，请大家讨论：这么多的角色要怎么融合到一起形成剧本呢？
3. 解决思路：可以将相同类型的角色分到一起，写一个剧本出来。全班分成四个剧组进行不同剧本的商讨及拍摄。

二、分组讨论，确定剧本名称以及大致剧情

1. 根据幼儿不同角色的划分，将全班分为四个剧组，依次是汪汪队组、恐龙组、灰姑娘组、魔术师组。
2. 每组幼儿发放纸和笔，请幼儿分组商量剧本名称及大致剧情。
3. 分享表达：每组选派一名代表，上台说一说自己小组讨论的剧情。

三、活动延伸

故事小窝：创编剧本——幼儿利用区域活动时间继续完善各自小组的剧本创作。

幼儿分组讨论并交流分享自己小组的创作想法

活动3：剧本表演练习（小组）

活动目标：

1. 熟悉自己小组所编剧本的剧情内容，明确自己所扮演的角色及故事情节。
2. 能够在组长的带领下进行表演练习，在练习的过程中揣摩角色的特征，并大胆发表自己的意见和看法。
3. 在活动中体验电影拍摄和集体创作的乐趣。

活动准备：剧本、道具

活动过程：

一、回顾与探讨

1. 回忆各自剧组所编写剧本的故事情节。
2. 提问：你们的故事怎么表演呢？每个小组是怎么分工的？请各组组长说一说自己组的想法。

二、小组练习

1. 幼儿分小组选择一个安静的区域进行练习。
2. 教师巡回指导，观察幼儿对剧情的熟悉程度，提醒幼儿注意表情和语气。对幼儿在表演过程中表演出的闪光点进行记录，并在评价小结时用于集体分享。

三、小组展示

1. 幼儿集中，分小组进行展示。
2. 师幼共同小结评价。

教师：你喜欢谁的表演？为什么？鼓励幼儿从故事情节、演员的动作表情等方面进行评价，并提出改进的建议。

教师根据各组幼儿表演情况进行总结评价，并鼓励大家利用区域活动、游戏活动等时间再次进行练习。

模拟剧本表演

活动4：超级摄影师（社会）

活动目标：

1. 初步认识电影拍摄器材，了解它们的名称及作用。
2. 在专业人员的指导下尝试进行电影拍摄，积累电影拍摄的相关知识。

活动准备：

邀请有电影从业经验的刘老师为小朋友呈现电影的拍摄过程

活动过程：

一、看一看——引发幼儿对制作电影的兴趣。

播放老师制作的电影片段，激发幼儿对电影拍摄的兴趣，有自己拍摄电影的想法。

二、说一说——谈谈幼儿所猜想的电影制作。

1. 教师：猜一猜，老师这个电影是怎么制作出来的。
2. 请小朋友说一说自己的想法。
3. 老师为大家讲解电影拍摄和后期制作的方法。

三、学一学——了解拍摄的基本方法。

老师带领大家到户外场地，讲解一些电影拍摄的基本方法，并进行现场演示。

四、试一试——尝试电影的拍摄。

1. 幼儿在老师的指导下进行实践操作。
2. 根据幼儿提问，进行现场答疑解惑。

拍摄器材	拍摄步骤	拍摄基本方法	拍摄效果

老师为小朋友们讲解电影拍摄基本方法并答疑解惑

活动5：怎么把电影拍得更长（语言）

活动目标：

1. 通过观察、讨论，发现平时拍摄练习中存在的不足。
2. 探讨把电影拍得更长的方法，并运用自己思考的方法再次进行实践。

活动准备：拍摄片段

活动过程：

一、欣赏拍摄片段，发现问题

欣赏之前练习时拍摄的电影片段，引导幼儿发现问题——我们的电影时长太短，故事情节不完整。

二、分组讨论，探讨把电影拍得更长的方法

1. 教师：你们有什么办法可以把我们的电影拍得更长、更完整呢？
2. 幼儿按照自己的分组进行小组讨论，教师观察指导。
3. 每组派代表上台分享自己组探讨的结果。

三、总结经验

教师记录幼儿有价值的发言并进行总结，将总结的经验用到下次拍摄活动中。

活动6：角色表演的规则与方法（社会）

活动目标：

1. 仔细观察电影片段，揣摩角色表演特点及表演的方法。
2. 发现表演过程中存在的问题，讨论表演时应遵守的规则。

活动准备：电影片段、白棒纸、黑板

活动过程：

一、欣赏电影片段，揣摩表演特点及方法

1. 电影里都有谁？
2. 他们在演电影时做了什么？（语言、动作）
3. 他们是什么样的？（服装、道具）

4. 怎样能演得像电影里的角色那么好？

二、播放幼儿在分组表演时的一些视频片段，发现问题

教师播放幼儿平时表演时的一些视频片段，请幼儿观看，并发现其中有一些随意走动、讲话、记不住台词和动作等影响表演和拍摄的问题。

三、思考问题的解决方法，确定表演规则

1. 请幼儿讨论并说一说怎样才能达到我们刚才观看的电影那样的拍摄效果。在电影拍摄过程中，我们应当遵守哪些规则？
2. 制定表演规则：
①按剧本顺序轮流表演，没表演的小朋友要耐心等待，不发出声音。
②表演前记住自己的台词和动作。
③角色轮流表演，未表演的角色不出现在场景中。

四、将制定的规则张贴在表演区，提醒幼儿在表演和拍摄时遵守相应规则

五、亲子活动教案

活动1：探秘电影世界（综合）

活动目标：

1. 和家人一起利用节假日探访电影公园、电影拍摄基地等地方，走进电影世界，对电影的拍摄流程、摄影器材、人员分工等有初步的了解。
2. 通过实地探访，提升对电影活动的兴趣，有自己拍摄电影的意愿。

活动准备： 亲子探访线路规划

活动过程：

一、班级家长会

召开班级家长会，交流班级电影课程的具体实施方法，鼓励家长利用节假日带领幼儿参访与电影相关的拍摄基地、博物馆等地方。

二、实地参访

1. 参观电影院，了解电影售票流程、电影票信息，最后看一部电影。
2. 利用节假日，和爸爸妈妈一起参观影视拍摄基地、电影文化公园等地方，了解电影拍摄流程、摄影器材、人员分工等相关知识。

三、深入了解

结合自己的参访经验，通过书籍、网络、现场讲解等形式进一步深入了解电影相关知识。

周记：我想演……

结合自己的参观经历，思考自己对电影拍摄的想法，并以绘画、思维导图等形式在"周记"中表述自己对班级电影拍摄的想法。

家长们在班级家长会上积极发表对电影课程的意见

幼儿实地参访电影院及影视拍摄基地

活动 2：制作电影道具（艺术）

活动目标：

1. 发挥想象力和创造力，体验亲子制作电影道具的乐趣。
2. 能够解决在制作道具的过程中遇到的问题。

活动准备： 制作道具所需材料

活动过程：

一、布置亲子任务

根据孩子自己所扮演的角色，和爸爸妈妈一起思考电影拍摄所需要的道具，并一起制作道具。

二、讨论

1. 制作这个道具需要哪些材料？
2. 怎么制作呢？有没有需要注意的问题？

三、实施

家长和幼儿根据讨论的结果进行不同道具的制作，在制作的过程中注意使用道具等材料时的安全问题。

家长和幼儿共同制作道具

活动3：年代电影秀（艺术）

活动目标：

1. 了解每个年代具有代表性的电影，尝试将这些电影串联起来形成一个完整的舞台表演。
2. 结合已有经验，进一步学习表演中的动作、表情、语言等方面的技巧。
3. 体验上台表演的喜悦，增强自信。

活动准备： 道具、服装

活动过程：

一、召开班级家长会，探讨新年活动计划，思考将班级课程融入新年活动的方法

二、根据年代电影秀主题进行分组，确定每个年代的代表性电影

70年代：《闪闪的红星》

80年代：《黑猫警长》

90年代：《葫芦兄弟》

00年代：《喜羊羊与灰太狼》

10年代：《汪汪队》

三、根据幼儿前期创作的电影剧本及幼儿兴趣进行分组，确定每组幼儿的表演角色

1. 教师：我们有《闪闪的红星》《黑猫警长》《葫芦兄弟》《喜羊羊与灰太狼》《汪汪队》几个不同的年代电影，你想表演哪一个电影？你想扮演什么角色？
2. 在确定幼儿的角色分工之后，邀请家长扮演电影中的胡汉三、蛇精等需要成人扮演的角色。

四、分小组排练节目

五、在幼儿园新年活动中进行舞台表演

六、各区域投放材料及建议

语言区

名称：故事小窝

新投放材料：纸、笔、剧本创作流程图

实施活动及建议：

剧本的创作需要反复的讨论、修改，所以我们在故事小窝投放了剧本创作所需的纸、笔等工具，并且在环境打造时布置了创作剧本的流程图，预留剧本展示的空间。孩子们在语言区经过一次又一次的讨论、记录，剧本逐渐成型。

建构区

名称：搭建电影院

新投放材料：电影院图片

实施活动及建议：

通过欣赏电影院的图片，再结合自己参观电影院的经历，孩子们自己绘制心目中的电影院设计图，开启了电影院搭建之旅。

美工区

名称：七彩小作坊

新投放材料：大白纸、硬纸板、画笔

实施活动及建议：

围绕电影主题的开展，美工区可以进行设计电影票、设计电影海报、制作电影道具、创作电影角色等一系列活动。

电影海报 　　　　　　　　幼儿制作道具

小厨房

名称：五味小厨

新投放材料：烤箱、锡纸、干玉米

实施活动及建议：

结合电影课程的开展，在小厨房投放干玉米等材料，制作电影院的常见美食——爆米花；模拟电影院的场景进行售卖爆米花等活动。品尝爆米花的小朋友可以拿着爆米花去表演区当观众，边观影边品尝，实现区与区之间的互动。

表演区

名称：超级梦工厂

新投放材料：语言区设计的剧本、美工区制作的道具

实施活动及建议：

根据前期创作的剧本以及在美工区制作的道具，孩子们在超级梦工厂进行电影剧情的排练和表演。

七、班级环境创设

教室主题墙

区角环境

案例2 哇！轻轨

课程说明

> 轻轨是重庆一道独特的风景，孩子们都有乘坐轻轨的经历，他们对轻轨有着极其强烈的好奇心和探究欲望。
>
> "为什么轻轨两个车头？""轻轨要不要加油？""轻轨的轮胎在哪里？""轻轨穿房子，房子会不会摇？"等等，面对众多的疑问，孩子们开始对身边熟悉的轻轨三号线进行深度探究。
>
> 本活动围绕幼儿感兴趣的点和问题，展开讨论、观察、探究，通过多方资源力量引导幼儿以小组的方式主动寻找解决问题的方法，以幼儿体验为前提，从而得到答案。
>
> 课程《哇！轻轨》通过探究性主题活动，让幼儿获得了关于轻轨相关的知识经验，了解轻轨与我们每一个人的生活关系，感受重庆城市发展的迅速，产生热爱家乡的美好情感。

一、课程目标

1. 了解轻轨的运行方式和主要特点，发现轻轨与其他公共交通的不同。
2. 认识轻轨上的各种标志，懂得安全文明乘坐轻轨。
3. 探秘轻轨的外形、结构等内容，对感兴趣的问题进行持续性的探究。
4. 感受中国轨道交通的快速发展，为中国的科技发展感到骄傲。

二、课程实施路径图或网络图

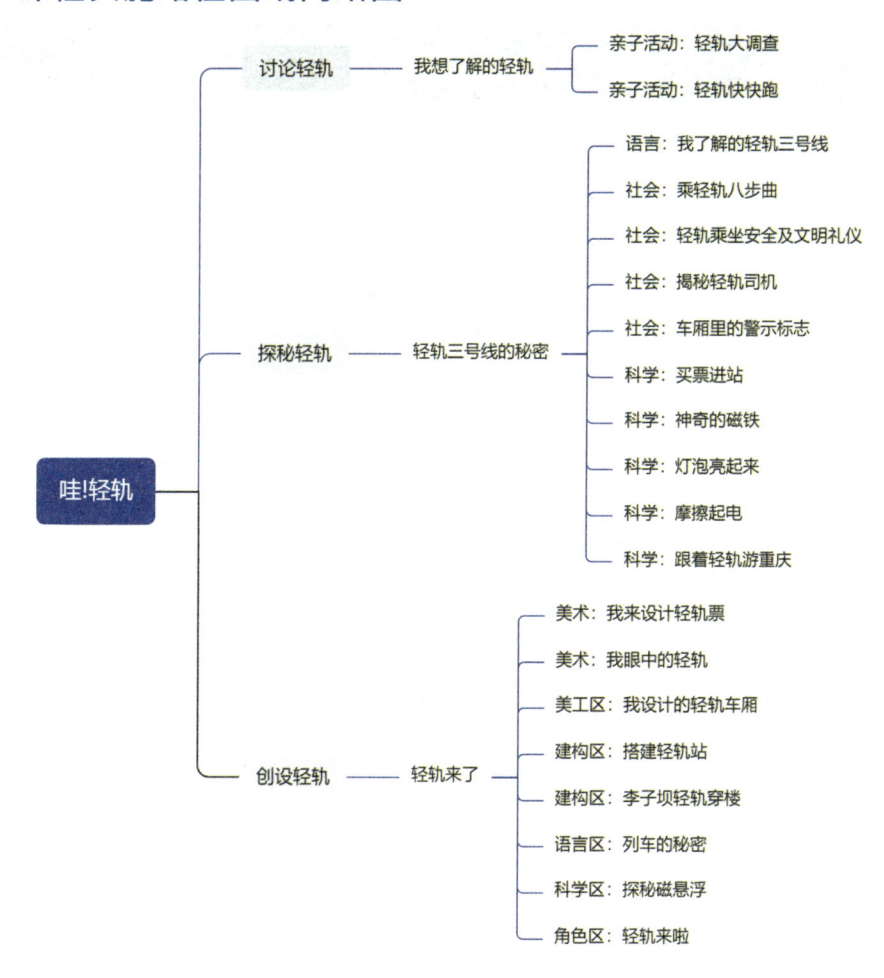

```
哇!轻轨
├── 讨论轻轨 ── 我想了解的轻轨
│   ├── 亲子活动：轻轨大调查
│   └── 亲子活动：轻轨快快跑
├── 探秘轻轨 ── 轻轨三号线的秘密
│   ├── 语言：我了解的轻轨三号线
│   ├── 社会：乘轻轨八步曲
│   ├── 社会：轻轨乘坐安全及文明礼仪
│   ├── 社会：揭秘轻轨司机
│   ├── 社会：车厢里的警示标志
│   ├── 科学：买票进站
│   ├── 科学：神奇的磁铁
│   ├── 科学：灯泡亮起来
│   ├── 科学：摩擦起电
│   └── 科学：跟着轻轨游重庆
└── 创设轻轨 ── 轻轨来了
    ├── 美术：我来设计轻轨票
    ├── 美术：我眼中的轻轨
    ├── 美工区：我设计的轻轨车厢
    ├── 建构区：搭建轻轨站
    ├── 建构区：李子坝轻轨穿楼
    ├── 语言区：列车的秘密
    ├── 科学区：探秘磁悬浮
    └── 角色区：轻轨来啦
```

大班自主探究课程《哇！轻轨》课程网络图

三、课程计划

活动类别	活动名称
集中教育活动	语言：我了解的轻轨三号线 美术：我眼中的轻轨 社会：乘轻轨八步曲 社会：轻轨乘坐安全及文明礼仪 科学：买票进站 美术：我来设计轻轨票

187

续表

活动类别	活动名称
集中教育活动	社会：车厢里的警示标志 科学：神奇的磁铁 科学：跟着轻轨游重庆 社会：揭秘轻轨司机 科学：摩擦起电 科学：灯泡亮起来
区域活动	美工区：我设计的轻轨车厢 建构区：搭建轻轨站 建构区：李子坝轻轨穿楼 语言区：列车的秘密 科学区：探秘磁悬浮 角色区：轻轨来啦
亲子活动	轻轨大调查 轻轨快快跑

四、集中教育活动教案

活动1：我了解的轻轨三号线（语言）

活动目标：

1. 积极参与谈话，能用连贯的语句讲清自己在乘坐轻轨时的所见所闻与感受。
2. 注意倾听同伴谈话，梳理参观轻轨后的发现与问题。

活动准备： 幼儿自己去乘轻轨的照片、调查记录

活动过程：

一、图片导入

1. 宝贝们，看这是什么？（出示幼儿坐轻轨的图片）
2. 你们都坐过轻轨吗？
3. 轻轨有哪些特征呢？

二、幼儿带着调查记录进行分享

我知道的轻轨三号线，交流乘坐轻轨时的所见所闻与感受。

1. 坐轻轨时你看到些什么？你觉得最有趣的是什么？
2. 轻轨是什么样子的？
3. 坐轻轨时应该注意些什么？幼儿分小组把自己的发现梳理并记录下来。

三、梳理问题清单、共同讨论。

问题一：轻轨为什么跟站台之间会有缝隙？
问题二：轻轨在运行时，轮子和轨道为什么会有火花？
问题三：轻轨在行驶中出了故障，修理工该从哪里着手去修理？
问题四：明明有了汽车，为什么还要发明轻轨？

活动2：我眼中的轻轨（美术）

活动目标：

熟悉轻轨的构造，并能通过艺术想象创作自己心目中的轻轨

活动准备：画笔、纸、黏土

活动过程：

1. 结合轻轨图片，说一说轻轨的构造及特点。

2. 说一说自己想要设计什么样的轻轨。
3. 请幼儿用绘画的方式或者黏土制作自己心中的轻轨。
4. 幼儿创作，教师观察指导，对个别幼儿进行指导。
5. 活动结束，欣赏幼儿作品，评价小结。

活动3：乘轻轨八步曲（社会）

活动目标：

1. 能较完整地介绍自己乘坐轻轨的经历和乘轻轨的步骤。
2. 梳理乘坐轻轨的步骤。

活动准备：实地探访记录表、勾线笔、大白纸、乘轻轨小视频

活动过程：

一、播放视频，唤醒幼儿记忆

1. 观看视频，启发幼儿表述探访情况。
2. 孩子们，你们都乘坐了轻轨，乘轻轨有哪些步骤呢？
3. 鼓励幼儿完整表述。

二、梳理乘轻轨步骤

第一步购票，第二步安检，第三步刷卡进站，第四步站台等待，第五步乘坐轻轨，第六步下轻轨，第七步刷卡出站，第八步离开轻轨。

三、分享每个步骤需要注意的地方

活动 4：轻轨乘坐安全及文明礼仪（社会）

活动目标：

1. 知道乘坐轻轨需要注意的安全事项。
2. 在乘坐轻轨时能注意文明礼仪。

活动准备： 关于安全、文明乘坐轻轨的图片和视频

活动过程：

一、谈话活动

1. 小朋友们，你们知道乘坐轻轨需要注意哪些安全事项吗？
2. 有哪些需要注意的文明礼仪呢？

二、播放安全、文明乘坐轻轨的视频

请你说一说视频上都讲到了哪些安全问题以及文明礼仪。

三、出示图片，幼儿判断

活动 5：买票进站（科学）

活动目标：

1. 利用买票进站的游戏巩固 10 以内的组合，用加法记录。
2. 学习 10 的分解，发现 10 的不同分法，用减法记录。
3. 学习编减法题。

活动准备： 玩具钱币、学习单

活动过程：

一、情境导入，买票进站

投放一块、五块、五毛的玩具钱币，请一个幼儿说出不同轻轨线路的票价，比比看哪一组最先找出对应的钱币数量，幼儿边玩游戏边记录，巩固10以内的组合。

二、鼓励幼儿用加法表示

1. 投放十块的玩具钱币，教师说出10以内的票价，幼儿应该找多少钱，幼儿记录并发现10的不同分法。
2. 幼儿按顺序将10的分解依次排列，发现分解中的数字变化规律。
3. 认识减号，尝试编减法题。

活动延伸：

角色区：轻轨站的游戏。

活动6：我来设计轻轨票（美术）

活动目标：

1. 了解车票上的信息，尝试自己进行车票的制作加工。
2. 在制作过程中能大胆尝试。

活动准备：图片、剪刀、水彩笔、纸等

活动过程：

一、出示车票，引入

1. 从车票上我们可以了解哪些信息呢？（几号线、哪里到哪里……）

2. 过几天，我们的小小轻轨站也要开张了，但是没有车票，请宝贝来帮我们设计一下，然后我们来选出你们最喜欢的车票，把它投放在我们的轻轨站里。

二、幼儿取材料创作，教师巡回指导

三、交流分享

1. 幼儿介绍制作的车票。
2. 投票选出得票最高的车票。

活动延伸：

将制作好的车票投入到角色区使用。

活动7：车厢里的警示标志（社会）

活动目标：

1. 认识轻轨站和车厢中常见的警示标志，知道其意义。
2. 创意设计车厢里的安全警示标志。
3. 知道要遵守公共秩序和规则，萌发自觉维护公共秩序的意识。

活动准备：收集的轻轨标志、标志图

活动过程：

一、认识轻轨上的安全标志（出示图形标志卡）

1. 布置轻轨安全标志展示牌。
2. 你认识它们吗？你是怎么知道的？它表示什么意思？你在哪里见过它？
3. 幼儿自由介绍。

小结：我们通过认真观察、仔细分析，一下子就猜出了这些标志的名称。这说明标志的特征非常明显，一眼就能让人们认出。

二、了解标志上的图案

请幼儿介绍轻轨上还有哪些标志，并说说标志的颜色和图案。

三、画标志，展示幼儿作品

鼓励幼儿从颜色、图案和作用来创编，例如双手捧爱心是爱心座等。

活动延伸：

将制作好的警示标志图投放到角色区。

活动8：神奇的磁铁（科学）

活动目标：

1. 知道磁铁能吸住铁做的东西。
2. 激发幼儿对磁铁吸铁现象的探索兴趣。

活动准备：磁铁、回形针、钉子、木块、记录单

活动过程：

一、激发幼儿探索的兴趣

请你玩玩盘子里的材料，说说你发现了什么。

二、引导幼儿探索磁铁的特性

这块能吸住东西的铁块，它有一个名字叫磁铁。磁铁能吸住哪些东西？（磁铁能吸起铁块、回形针，吸不起木块、纽扣）为什么磁铁能吸起铁块、回形针，而吸不起木块、纽扣？

小结：磁铁能吸起铁做的东西，而不能吸起木头、塑料等其他材质的东西，轻轨就是轨道下方强磁性的轨道凭借强大的磁力把列车身体浮起来运行。

三、请试一试把磁铁和它吸起来的东西分开的时候会有什么感觉

四、引导幼儿通过分类活动学习分类方法，巩固所学知识

幼儿尝试分类，哪些东西能吸起，哪些不能吸起，教师个别指导。

五、请幼儿用磁铁去吸一吸教室里的其他东西

活动9：跟着轻轨游重庆（科学）

活动目标：

1. 了解重庆市城区的著名景点，能在地图上找到景点所在的轻轨站。
2. 能根据轻轨路线图找出到达目的地景点的最近乘车路线。
3. 在场景中结合轻轨站点，运用数字开展游戏，增加生活经验。

活动准备：

经验准备：幼儿有乘坐轻轨的经历，对重庆城区的一些著名景点有了解。

物品准备：视频、课件PPT、重庆轻轨线路图、重庆市著名景点图、乘车路线表。

活动过程：

一、导入部分

分享乘坐轻轨去景点游玩的经历，能在地图上找到景点所在的轻轨站。

1. 说一说：自己乘坐轻轨去过哪些景点游玩。（引导幼儿说出乘坐几号线、哪站上车、哪站下车）
2. 看一看：重庆市著名景点微视频。（丰富幼儿对著名景点的认识，

进一步了解轻轨沿线的景点）

3. 找一找：在地图上找到景点所在的轻轨站。（引导幼儿找出图片中景点所在的轻轨站，加深对轻轨站点的认识）

重点部分：根据提供的轻轨线路图，找出到达目的地的乘车路线，计算总共经过的站数。

4. 抽题游戏：我想从鱼洞到人民大礼堂，该怎样乘坐轻轨？总共坐多少个站？（引导幼儿观察轻轨线路图，知道有换乘站点，计算出目的地站点总数，正确填写乘车路线表，发现最近路线）

5. 分小组进行题目操作练习，教师巡回观察指导。

二、分享：组长上台分享小组讨论、操作结果

鼓励幼儿用完整的语言表述从出发站到目的站如何换乘，共计经过多少站。

活动 10：揭秘轻轨司机（社会）

活动目标：

1. 了解轻轨司机的工作要求与职业特点。
2. 体会轻轨司机的辛苦，知道要遵守乘坐轻轨的规则。

活动准备：课件PPT、幼儿提供的乘坐轻轨的照片

活动过程：

一、幼儿提前做调查活动，对轻轨司机有初步的认识和了解

幼儿提供拍摄的照片，分享轻轨司机的工作内容。

二、鼓励幼儿分类进行梳理和归纳

1. 通过课件PPT，了解轻轨司机的工作要求与职业特点，包括司机一

日工作的时间和流程。
2. 幼儿分小组梳理和归纳，制作轻轨司机工作海报。

三、观看关于轻轨司机的感人的纪录片

体会轻轨司机的辛苦，知道要遵守乘坐轻轨的规则。

活动 11：摩擦起电

活动目标：

1. 感知物体摩擦后可以带电，能吸起纸屑等轻巧物体。
2. 能正确记录实验结果。

活动准备： 塑料棍、纸屑、金属笔、木棍

活动过程：

1. 魔术导入：塑料棍摩擦吸附纸屑。
2. 幼儿体验魔术的乐趣。
3. 除了可以在头发上摩擦，还可以在哪里摩擦？（衣服）

小结：塑料棍摩擦后会产生静电，我们把这种现象叫摩擦起电。

4. 幼儿自主探索：哪些材料会产生静电（投放铁棍、木棍等），并用记录表记录结果。
5. 讨论：为什么晚上有时候会看到轻轨的轨道上有火花？

活动 12：灯泡亮起来（科学）

活动目标：

1. 了解电池的一些基本知识和安装电池的基本常识。

2. 探索灯泡亮起来的正确连接方法，记录探索方法。
3. 了解电池给人们生活带来的益处和危害，增强幼儿的环保意识。

活动准备：导线、电池、灯泡、电动玩具

活动过程：

1. 导入：老师家里要安装电灯，需要哪些材料？
2. 介绍材料。幼儿自由进行电池、灯泡、电线安装，并做好探索记录。
3. 教师巡回指导，了解幼儿安装电池的情况，引导幼儿发现小灯泡连接的不同方法以及结果，用排除法做好记录。
4. 幼儿再次探索使灯泡亮起来的连接方法。
5. 玩没有电池的电动玩具，引导幼儿发现电动玩具没有电池不能动。
6. 幼儿自主安装电动玩具，发现电池的正负极并认识正负极的标志。

五、亲子活动教案

活动1：轻轨大调查

活动目标：

1. 体验购票进站的过程，了解不同的进站方式。
2. 以实地观察的形式解决自己关于轻轨的疑问，完成任务清单。
3. 通过实地观察，发现新问题，引发新思考。

实施建议：

1. 幼儿分组进行调查。利用周末时间，幼儿和父母一起乘坐轻轨，体验购票进站的过程。
2. 完成任务清单上的任务，并用自己的方式填写任务清单。

3. 回到幼儿园之后和小朋友一起分享自己的观察和思考结果，并提出自己的新发现和新问题。

活动 2：轻轨快快跑

活动目标：

1. 了解轻轨有绿色环保、不堵车、准时准点的优点。
2. 感受中国轨道交通的快速发展，为中国的科技发展感到骄傲。

活动准备： 亲子调查表、视频、照片

实施建议：

1. 家长带孩子乘坐轻轨的同时，帮助孩子了解轻轨有绿色环保、不堵车、准时准点的优点。
2. 查找资料，了解关于中国轨道交通发展的变化，为中国的科技发展感到骄傲。

六、各区域投放材料及建议

美工区

名称： 我设计的轻轨车厢

投放材料： 纸箱、颜料、画笔、剪刀等

观察与指导要点：

1. 小组分工合作，制作轻轨车厢、车头、车内标志等。

2. 引导幼儿观察轻轨的颜色、形状、尺寸等特点，粘贴车门、扶手、车厢顶部等部分。
3. 将制作好的车厢部件，组装在一起，完成轻轨车厢的设计。
4. 将制作好的车厢投放到角色区进行使用。

活动照片：

建构区

活动1：搭建轻轨站

投放材料： 轻轨图片

实施活动及建议：

1. 提供清晰的轻轨列车、轨道、站台图片。
2. 请幼儿小组讨论搭建计划，并绘制设计图。
3. 教师重点观察指导幼儿根据计划搭建轻轨，注意要搭建出轻轨的特征，并关注搭建技能与合作情况。
4. 活动结束，欣赏幼儿作品，师幼共同小结评价。

活动 2：李子坝轻轨穿楼

活动目标：

1. 了解轻轨穿楼的构造，尝试用架空、叠高等方法搭建三维物体。
2. 了解重庆特色，增强对家乡的自豪感。

投放材料： 李子坝轻轨穿楼图片

实施活动及建议：

1. 欣赏李子坝轻轨穿楼各角度图片，鼓励幼儿发现其特点。
2. 幼儿要清晰搭建的内容和要求，设计出搭建计划。

语言区

名称： 列车的秘密

投放材料： 关于轻轨、地铁的绘本图书和故事盒子

观察与指导要点：

通过阅读，了解地铁、单轨电车的外部构造、功能及便捷的特点；能大胆讲述乘坐地铁或轻轨的经历及需要注意的问题。

科学区

名称： 探秘磁悬浮

投放材料： 磁悬浮陀螺

观察与指导要点：

1. 在游戏情境中，探索磁铁的特性，观察并发现磁极相互排斥的现象。
2. 操作磁悬浮陀螺，进行探究实验，初步了解磁悬浮现象。
3. 发现生活中磁悬浮现象，感受科学的神奇，体会探究的乐趣。

角色区

名称：轻轨来啦

新投放材料：

纸箱、司机操作台、安检机、闸门、车厢内环境墙面图、畅通卡、轻轨票、角色牌、行李箱、公文包、拐杖、枕头等

观察与指导要点：

1. 能主动地表现所扮演的人物角色，感知多种社会角色。
2. 能大胆表达所扮演角色的想法并与扮演的其他角色积极交流，相互沟通，尝试自己解决社交问题的办法。
3. 能对新投放的司机操作台材料加以合理运用。

活动照片：

七、班级主题墙

案例3 子弹快递

课程说明

> 孩子们对班级里的新材料——地图拼图很感兴趣，每天早上来到班级都会把地图拼图拿来玩。一天早上，我听见云清说："这个是黑龙江，这是海南。"杜浩轩说："这个地方我知道，它是浙江，我家的快递就是从这里寄来的！"接着，大家开始讨论地图上的各个地名和各自的家乡。
>
> 快递在孩子们生活中时常出现，因此取快递对他们来说是十分熟悉的，但快递上面的信息孩子们却不够了解，经常会听到他们讨论："这个条条是什么？""这上面是什么字？""我知道这个标志的意思，是不能淋雨！""快递是怎么寄到我们这里来的呀？"……他们讨论着关于快递的各种问题。
>
> 结合孩子们的兴趣和生活经验，孩子们知道有不同的快递公司，有的快递公司速度很快，有的快递公司速度要慢一点。在活动中，孩子们也自己"创立"了一个快递公司——"子弹快递"，在快递游戏中认识和了解快递盒及快递单上的信息，了解收发快递的基本步骤，以及收纳整理和打包物品的方法。

一、课程目标

1. 了解快递的种类和寄取快递的流程、步骤，了解快递员的一日工作流程以及快递单上的各类信息，有兴趣参与活动。

2. 综合运用实地参访、观察、讨论、操作、尝试等多种方法，在活动中尝试绘制地图，学会包装快递、运送快递，提高同伴合作能力。
3. 通过活动，了解快递给人们带来方便的同时也产生了很多垃圾，学会将快递包装进行废物利用，增强环保意识。

二、课程实施路径图或网络图

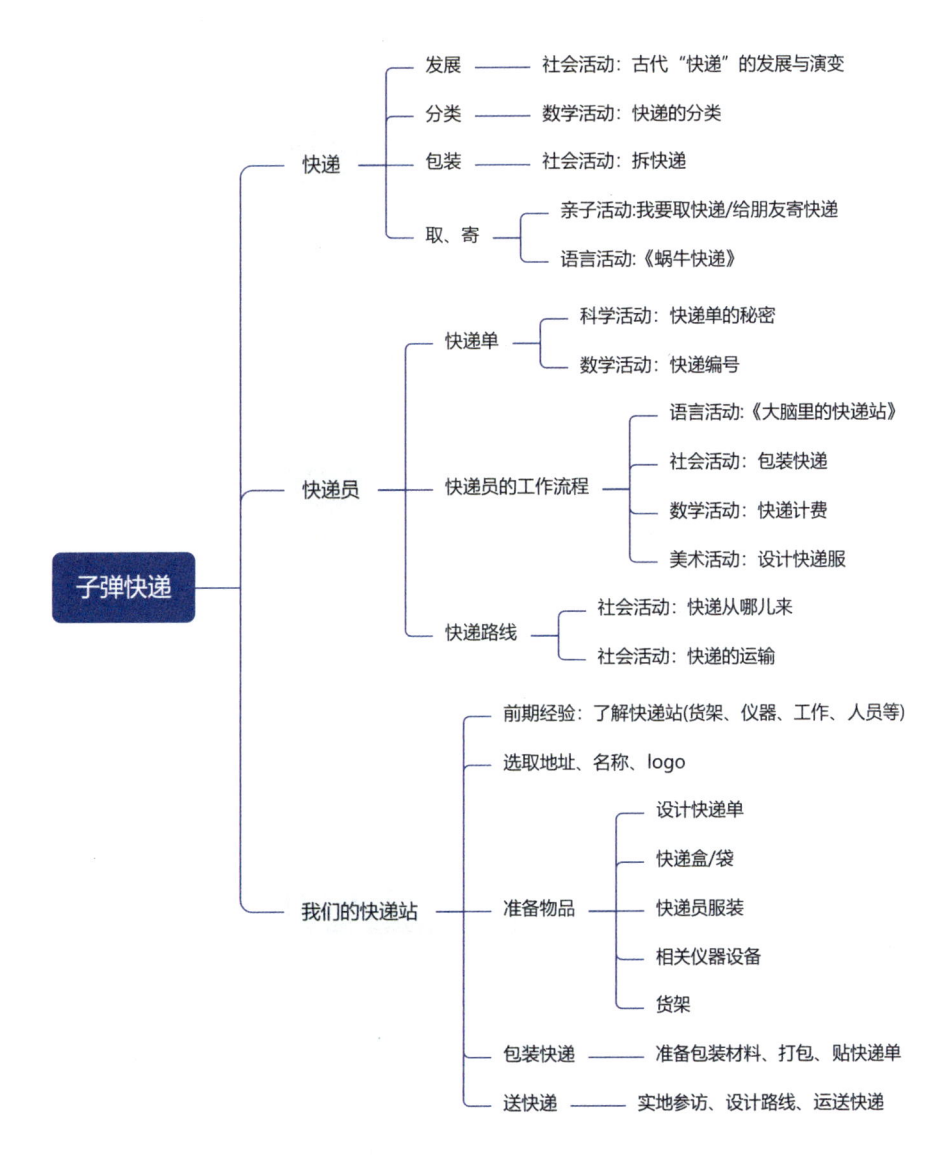

```
子弹快递
├── 快递
│   ├── 发展 —— 社会活动：古代"快递"的发展与演变
│   ├── 分类 —— 数学活动：快递的分类
│   ├── 包装 —— 社会活动：拆快递
│   └── 取、寄
│       ├── 亲子活动：我要取快递/给朋友寄快递
│       └── 语言活动：《蜗牛快递》
├── 快递员
│   ├── 快递单
│   │   ├── 科学活动：快递单的秘密
│   │   └── 数学活动：快递编号
│   ├── 快递员的工作流程
│   │   ├── 语言活动：《大脑里的快递站》
│   │   ├── 社会活动：包装快递
│   │   ├── 数学活动：快递计费
│   │   └── 美术活动：设计快递服
│   └── 快递路线
│       ├── 社会活动：快递从哪儿来
│       └── 社会活动：快递的运输
└── 我们的快递站
    ├── 前期经验：了解快递站（货架、仪器、工作、人员等）
    ├── 选取地址、名称、logo
    ├── 准备物品
    │   ├── 设计快递单
    │   ├── 快递盒/袋
    │   ├── 快递员服装
    │   ├── 相关仪器设备
    │   └── 货架
    ├── 包装快递 —— 准备包装材料、打包、贴快递单
    └── 送快递 —— 实地参访、设计路线、运送快递
```

大班自主探究课程《子弹快递》课程网络图

三、课程计划

活动类别	活动名称
集中教育活动	语言：拆快递 语言：《大脑里的快递站》 社会：古代快递的发展与演变 美术：设计快递服 语言：《蜗牛快递》 社会：快递的运输 科学：快递单上的信息 数学：快递编号 科学：快递从哪里来 数学：快递的分类 科学：包装快递 科学：快递计费
游戏活动	语言游戏：小小快递员
区域活动	语言区：《小小快递员的一天》《大脑里的快递站》《蜗牛快递》 美工区：设计 LOGO、制作快递服、制作宣传单 主题区：子弹快递公司、包装快递、制作快递单、快递价目表
亲子活动	快递探索（取、寄） 小区的快递路线图

四、集中教育活动教案

活动 1：拆快递（语言）

活动目标：

1. 了解快递的包装，探索拆快递以及处理废弃快递盒的方法。
2. 认识快递包装上的各类标志。

3. 体验拆快递的愉悦心情。

活动准备：未打开的包裹

活动过程：

一、出示包裹实物

1. 教师展示未打开的包裹，引起幼儿兴趣。
2. 引导幼儿讨论并猜测包裹里面装的什么。

二、观察快递包装，认识包装上的标志

教师：你们看，快递的包装上都有些什么东西？（标志、订单、胶带）有的快递盒上有玻璃杯、雨伞、箭头等标志，它们是什么意思呢？

小结："玻璃杯"表示里面装的是易碎物品，需要轻拿轻放；"雨伞"表示里面装的物品不能淋雨或者打湿，比如电器这些东西就不能被弄湿了，否则就会弄坏；"箭头"表示快递盒要顺着箭头的方向摆放，否则里面的物品就容易破碎。这些标志都是在提醒快递员和收件人拿到快递时需要注意的事项。

三、拆快递

1. 幼儿讨论：用什么方法拆快递？拆快递包装要注意些什么？
2. 看一看：包裹里面有什么？
3. 幼儿讨论：怎样判断要不要退换物品？

四、拆完快递要做哪些事

1. 幼儿小组讨论。
2. 教师小结：处理废弃快递盒、洗手。

活动2：《大脑里的快递站》（语言）

活动目标：

1. 了解藏在大脑里的秘密——海马体快递站。
2. 通过绘本中的快递站联系现实生活中的快递站，比较异同。

活动准备： PPT《大脑里的快递站》

活动过程：

一、提问引入主题

1. 教师：我们生活中有很多的快递站，不过今天我们要去的快递站非常特殊，它就在小朋友们的身体里，猜猜它藏在哪里？
2. 教师：大脑里的快递站是怎么收件寄件的呢？又会是什么样的快递？

二、猜测故事内容

出示绘本封面，请幼儿观察画面并说说自己看到了什么，猜猜它表示什么意思。

三、分页阅读，了解大脑中的海马体快递站是怎么工作的

1. 集体阅读1—8页。
   教师：大脑里为什么会有快递站呢？这个快递站又长什么样子呢？让我们一起来打开绘本寻找答案吧！
2. 教师阅读至第2页提问。
   教师：你们猜猜玛露的小熊到哪里去了呢？
3. 教师阅读至第8页提问。
   教师：在海马体快递站里，海蒂和玛蒂负责整理和分类玛露一天的经历，那玛露都经历了什么事呢？请小朋友们自由阅读，看看玛露一天看到了什么，闻到了什么。

4. 幼儿自主阅读。

   教师：在阅读的时候，用夹子夹住的地方可以不用看了哦！看完后请把绘本放在桌面上。

5. 幼儿自由阅读5分钟。

   教师：玛露一天都经历了什么事呀？你们看到它的小熊了吗？在哪里呢？

小结：原来玛露在这一天里看到了蝴蝶和其他动物，还学习了新的知识。玛蒂和海蒂在整理照片时发现了小熊，原来就在厕所里面。

四、教师完整讲述

鼓励幼儿用思维导图记录并比较大脑里的快递站和生活中的快递站有什么异同。

活动3：古代快递的发展与演变（社会）

活动目标：

1. 了解古代快递有哪些发展历程。
2. 知道古代快递的作用。

活动准备：

古代"快递"或信件运输的图片，如风筝、马、步行、鸟、箭等

活动过程：

一、猜想引出主题

1. 教师：你们觉得古代有快递吗？
2. 教师：古代的快递是什么样子的？运送什么东西？谁来运送？
3. 幼儿分组讨论。

二、观看课件

1. 教师讲解课件，根据不同朝代引导幼儿了解快递的演变与发展。
2. 举例：杨贵妃吃荔枝的故事。

三、比较古代快递与现代快递

幼儿从交通、物品、时间等方面来讨论不同之处，并记录。

四、讨论：以后的快递会怎样发展

《古今快递对比》记录单（供参考）

	古代	现代
运输方式		
运输物品		
运输时间		

活动4：设计快递服（美术）

活动目标：

1. 了解快递服装的款式和各部分构造的作用。
2. 尝试分组设计并制作快递服装。

3. 大胆介绍快递服制作经验，投票选出班级快递服。

活动准备：

各类布料、塑料袋、报纸、彩色卡纸、剪刀、双面胶、订书机等

活动过程：

一、出示快递服装图片

教师：我们生活中的快递员穿的什么服装？有哪些款式？衣服上有哪些不同？

小结：快递员的服装设计要求主要是简洁、穿着轻便、便于活动。因为快递员们每天都要搬运快递，衣服设计太复杂就会不方便。秋冬季节穿长袖，夏季穿短袖。每一件快递员服装都有自己的特色，首先是颜色，它跟快递品牌的标识是一样的颜色搭配；然后每一件快递员衣服上都会印有自己快递公司的标识。

二、设计并画出快递员服装

教师：我们的快递公司也成立了，那该给快递员们设计一套什么样的快递服装呢？大家可以根据我们快递公司的标识特点，设计出一款样式简单但又有子弹快递特色的服装。

三、展示设计图

1. 请幼儿说一说设计的是什么样的服装。
2. 在小组内投票评选出大家最满意的设计图。

幼儿在设计快递服装

四、分小组挑选材料制作服装

教师巡回观察幼儿是否遇到困难，并帮助解决。

五、展示小组设计的快递员服装

教师：你们每个组的服装是用什么材料制作的？是怎么制作的？制作的时候遇到了哪些困难？怎么解决的？

六、评比最优快递服，定为班级"快递公司"的快递员服装

《快递服设计》记录单（供参考）

服装设计图	需要的材料

活动5：《蜗牛快递》（语言）

活动目标：

1. 体验故事的角色心理和内在情感，理解故事内容。
2. 随着故事情节进入相应的心理情境，尝试用自己的语言大胆表达对故事的理解。
3. 感受小蜗牛的勇敢、坚强，为完成快递任务而坚持不懈的顽强精神。

活动准备：PPT《蜗牛快递》

活动过程：

一、谈话导入故事

1. 孩子们，你们知道小蜗牛喜欢生活在哪里吗？为什么？
2. 可是有一只小蜗牛的家却在沙漠里。（图片展示沙漠）

二、阅读、理解、体验

（一）集体阅读

1. 讲述1—2页。

   提问：你知道为什么蜗牛妈妈要再三嘱咐小蜗牛千万不要走出去吗？

2. 讲述3—7页。

   教师：兔子快递员带走了小蜗牛写的许多信，过了几天，小蜗牛听到"嘭咚！嘭咚！嘭咚！"的脚步声，噢，原来是小动物的回信来了啊！读着那些温暖友好的信，小蜗牛觉得自己获得了整个世界的欢乐。

   提问：孩子们，你们知道小蜗牛现在最期盼的是什么声音吗？（重点感受"嘭咚！嘭咚！嘭咚！"的脚步声，并小结）

（二）自主阅读

教师：小蜗牛去当小兔子的快递员，第一次离开家会碰到哪些事情呢？它又会怎么解决呢？请小朋友们自己翻翻书，阅读一下后面的内容，看看究竟发生了什么。

三、欣赏结尾

1. 教师：最后，小蜗牛到底有没有走出沙漠，帮助小兔子给兔妈妈送到快递呢？

2. 教师：现在的小蜗牛已经不再像从前那样胖乎乎、圆嘟嘟，黏滑柔软了。你看，它已经筋疲力尽、干瘪衰老得不成样子了！（播放视频，教师配乐朗诵）

3. 教师：读了这本书，你有什么发现？

活动6：快递的运输（社会）

活动目标：

1. 了解常见的快递运输方式。

2. 发现不同运输方式与快递运送速度、距离的关系。
3. 能根据物品的类别判断适合的运输方式。

活动准备：

不同快递运输方式的图片，如飞机、火车、汽车、三轮车、摩托车等。

活动过程：

一、谈话引入主题

教师：你们知道哪些运输快递方式？

二、观看课件

（一）了解不同的运输方式

1. 教师：目前我们常见的快递公司有顺丰、韵达、圆通、中通、天天等，运输方式分为飞机、火车、货车、三轮车、摩托车等。
2. 教师：为什么要用不同的交通工具运送快递呢？

（二）幼儿讨论发现

距离不同，运送的交通工具不同；选择不同的运输方式，收货的速度也不一样。

三、快递运输猜一猜

出示物品，请幼儿判断其运输方式，并说明理由。

活动 7：快递单上的信息（科学）

活动目标：

1. 了解快递单上的各类信息：快递单号、收件人、寄件人、收件地址、寄件地址及联系电话等，知道它们各自的作用。

2. 尝试自己设计快递单，明确收件人的信息。

活动准备： 若干快递单

活动过程：

一、观察快递单

教师：快递上这个白色单子是什么？它有什么作用？

小结：每个快递上都有快递单，在快递单上面会有很清楚的关于快递的各项信息。

二、认识快递单上的信息

教师：你发现快递单上有哪些信息呢？（数字、线条、收件人、取件人、地址、电话号码）它们的作用分别是什么？

小结：快递单上有寄件人和取件人等各类信息，包括姓名、电话、地址。那些线条叫条形码，是这个快递的"身份证"，快递员扫一扫条形码就能知道这个快递的具体信息。

三、设计快递单

1. 幼儿尝试自己设计快递单。
2. 向同伴清楚地介绍自己设计的快递单，以及将快递送往何处。

活动8：快递编号（数学）

活动目标：

1. 了解快递架上快递多级排序的方法。
2. 小组合作尝试用自己的方法给快递柜上的快递进行编号，让取快递变得方便快捷。

活动准备：活动前去快递驿站取快递、相关图片、纸、笔

活动过程：

一、分享经验

幼儿回忆并分享自己取快递的经验。

二、讨论

出示快递柜图片，工作人员是如何快速找到我们的快递的？发现快递排序与存放位置的关系。

三、出示快递架，学习多级排序方法

讨论：我们这里也有这么多的货物架和快递，我们应该怎样给货物编码，才能快捷准确地找到快递呢？

四、幼儿分小组自主编码，小组介绍并到快递架演示

可能有幼儿会用单一排序法，这样后面的数字就会越来越大，非常不方便。

活动9：快递从哪里来（科学）

活动目标：

1. 知道快递是从各个地方运送而来，了解不同省市的大致位置以及快递发货最多的地方。
2. 认识中国地图。
3. 了解人口分布、地理地势、经济情况与快递量的关系。

活动准备：快递单若干

活动过程：

一、观察快递单，说一说你的快递都是从哪些地方运送而来的

教师：上次我们观察了快递单上的信息，上面有寄件人的地址就是快递发货的地方，你们看看自己的快递都是从哪里发货的。

小结：原来快递会从不同城市甚至不同国家发出，寄到需要的人们手里。

二、了解发货省市的大致位置

教师：你知道这些城市都在哪里吗？在地图上找找看。

小结：快递来自不同地方。据统计，我国发货最多的城市是广州、金华（义乌）、深圳、上海、杭州、北京、苏州、东莞、揭阳和成都。

三、给这些发货最多的城市做标记，幼儿讨论他们的发现

通过做标记，了解人口分布、地理地势、经济情况与快递量的关系。

活动10：快递的分类（数学）

活动目标：

1. 学习快递的多种分类方法。
2. 知道快递速度不同的原因。

活动准备： 地图、各类快递公司的标识

活动过程：

一、探索快递的分类方法

幼儿小组讨论：这些快递太乱了，需要给它们分类，你们觉得可以怎么分？小组分享分类理由。

小结：可以按照地区的不同分为国际快递、国内快递、同城快递；按

照运输方式可以分为航空快运、公路快运（运输量最大）、铁路快运、水运快运；还有按照付费方式进行分类的：货到付款、限时快递、普通快递。

二、了解不同快递的速度不同

（一）出示各类快递公司的标志

1. 教师：你们认识这些标志吗？它们分别是哪些快递公司？你们知道这些快递公司不一样的地方在哪里吗？
2. 教师：他们的运输速度其实是不一样的，其中京东自营是最快的，然后是顺丰快递，其他快递大概是3—5天。

（二）同城快递、国内快递、国际快递相比较，谁最快？谁最慢？为什么？

通常同城快递的速度要比国内快递快，国内快递的速度比国际快递快，因为距离越远，所花费的时间越长。

活动11：包装快递（科学）

活动目标：

1. 探索包装快递需要用到的材料、方法及步骤。
2. 尝试和同伴合作包装快递。

活动准备：快递纸箱、剪刀、胶带纸等

活动过程：

一、幼儿自主探索如何包装快递

教师：你们知道快递是怎么包装的吗？有哪些步骤？

利用提供的材料自主探索，尝试包装快递，并把使用的方法与遇到的问题记录下来。

二、分享：我的包装方法和问题

幼儿分享后，和幼儿一起梳理出包装方法。

1. 包裹好物品，易碎物品裹上保护膜。
2. 选择合适的纸箱或快递袋。
3. 封口。
4. 贴上填好的快递单。

幼儿在尝试打包快递

三、幼儿整理包装方法，张贴在快递站。

《包装快递》小组活动记录单（供参考）

包装物品 （可提供易碎物品）	需要的材料	方法及步骤	遇到的问题

活动12：快递计费（科学）

活动目标：

1. 了解快递公司的收费标准，尝试给子弹快递公司设计价目表。
2. 认识钱币和基本计重单位。

活动准备：快递计价表

活动过程：

一、出示快递收费价目表，观察快递收费的特点

教师：你们知道快递是怎么收费的吗？这是某一个快递公司的寄件收费表，大家来看看他们是怎么收费的。

小结：快递收费第一要看起步价，地方越近，起步价越便宜，地方越远，起步价越贵。第二看物品重量，在规定重量内就是按起步价付费，在规定重量外，就要加价。第三看物品的贵重程度，越贵重的物品越要小心运送，价格就更贵一些。

二、给子弹快递公司设计价目表

讨论子弹快递的起步价和起步重量。超过重量之后应如何收费。

《快递计费》记录单（供参考）

子弹快递价格表	寄出物品	是否超重	收费
园内起步价格：1元			
区内起步价格：1.5元			
市内起步价格：2元			
超重物品：+1元			
1公斤以内不加收费用			

五、游戏活动教案

小小快递员（语言游戏）

活动目标：

1. 喜欢玩一问一答游戏。
2. 游戏中能保持情绪愉快。
3. 能说出不同的国家名、城市名。

游戏准备：快递纸箱

游戏过程：

一、出示快递，导入活动

引导幼儿看快递单，说出城市的名称。

二、教师介绍游戏玩法及规则

教师：猜猜这个快递是从哪里寄来的，我们怎么知道快递是从哪个城市寄来的呢？

小结：原来快递单上有城市的信息，这个快递是从北京寄来的。我们今天要玩一个关于送快递的游戏，看看你们送快递时能说出哪些不同的城市。

三、教师介绍游戏玩法及规则

玩法：利用快递纸箱做道具，每位幼儿念儿歌。

第一轮游戏选取一名幼儿担任快递员，儿歌是一问一答形式，全体幼儿问，快递员答。第二轮游戏由收件的幼儿担任快递员。

规则：游戏过程中要保持安静，快递员的声音要响亮，要让全班幼儿听到，当快递员送信到自己手中时，要迅速接住快递，并站起来担任下轮游戏的快递。

附儿歌：

当当当

问：你是谁呀？

答：我是小小快递员呀！

问：你来干什么呀？

答：我来送快递呀！

问：快递从哪儿来呀？

答：快递从××（城市名称）来呀！

问：快递送给谁呀？

答：快递送给××（小朋友名字）呀！

四、幼儿交流游戏感受，教师评价游戏过程

五、活动小结，结束活动

六、亲子活动教案

活动1：快递探索（取、寄）

活动目标：

了解快递取件和寄件的具体步骤，了解工作人员在取寄快递时的工作流程。

活动准备： 有取寄快递的经历

实施建议：

家长可以让孩子独立完成一次取快递的过程，熟悉取快递的步骤和流程，并观察工作人员的工作情况。

幼儿实地体验收取快递的过程

活动2：小区的快递路线图

活动目标：

了解小区快递点的具体位置，能根据实际情况与家长共同绘制出从家里到快递点的路线图，发现快递点的具体位置与人们取快递的关系。

活动准备： 有取快递的经历

实施建议：

家长在带孩子取快递的途中介绍要走的路线，例如每条路的方向、途中经过的建筑等，让孩子了解线之后再绘制出来。

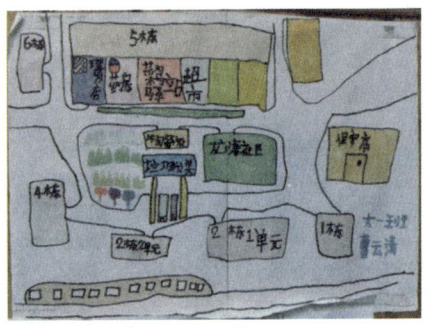

幼儿和家长一起绘制小区内取快递的路线图

七、各区域投放材料及建议

语言区

名称： 图书博物馆

投放材料：《小小快递员的一天》《大脑里的快递站》《蜗牛快递》

观察与指导要点

1. 投放与快递相关的绘本，用于幼儿自由阅读，并尝试利用绘本阅读相关的快递资料。
2. 请幼儿把了解到的更多的关于快递员的工作情况和快递的运输过程记录在纸上。

美工区

名称：手工王国

投放材料：各类快递标识、布、各类宣传单

观察与指导要点：

1. 投放各种相关材料，让孩子们用于设计子弹快递标识、制作快递员服装、制作宣传单等。
2. 收集一些物品标识和服装设计图片展示在美工区，引导幼儿观察及参考。
3. 观察幼儿在设计活动中是否能按自己的想法进行设计。

投放关于快递的绘本

主题区

名称：子弹快递

投放材料：各种大小的快递纸箱、快递单、电子秤、价目表、地图、胶带、保护膜、笔、剪刀

观察与指导要点：

1. 投放快递单、纸箱、保护膜、胶带、笔、剪刀，孩子们下单并包装快递。
2. 投放地图让孩子们了解各地名，观察幼儿能否正确填写收件地址和寄件地址。
3. 投放电子秤和价目表，引导孩子们参照价目表进行收费。

八、班级环境创设

幼儿设计的快递标记和价目表

案例4 布的秘密

课程说明

> 在阅读区的小书桌上有一块花桌布，我们发现孩子们经常拿起桌布玩，有的套在身上，有的盖在头上，有的铺在地上……既然孩子们那么喜欢玩布，就让他们尽情地玩吧！孩子们玩布给了我们很大的启发，于是我们和孩子商量收集了各种各样的布。
>
> 在晨间活动、餐后活动、区域活动等一切可以自由玩耍的时间让孩子们自由探索布，玩着玩着，玩出了好多疑问。我们梳理出孩子的问题，和孩子一起去探索解决。布是怎么来的？怎样才能做出漂亮的花布？用布可以做什么呢？……
>
> 在一次次的深入探索活动中，孩子们通过养蚕、扎染、刺绣、编织等活动形式，感知布的多样性，探究布的不同材质，了解几种布的来源。在体验用多种方式对布进行制作、加工的过程中，感受布给生活带来的美和舒适。

一、课程目标

1. 通过各种感官了解各种布的特征，知道布的来源。
2. 能选择喜欢的方式对布进行设计和加工制作。
3. 通过布的体验探索活动，感受布带给生活的美和舒适，激发幼儿热爱生活的情感。

二、课程实施路径图或网络图

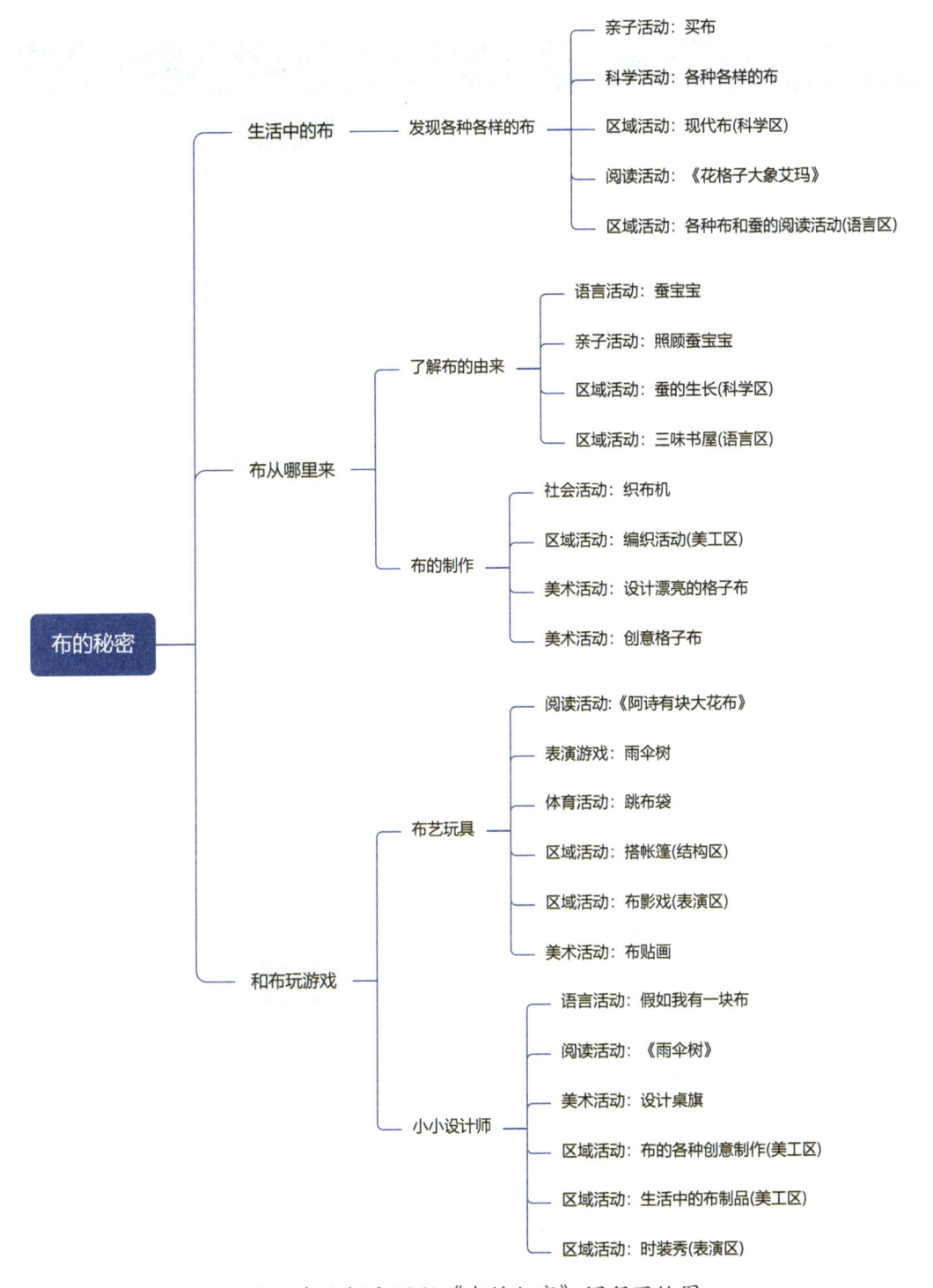

```
                                              ┌─ 亲子活动：买布
                                              ├─ 科学活动：各种各样的布
                      ┌─ 生活中的布 ─ 发现各种各样的布 ─┼─ 区域活动：现代布(科学区)
                      │                       ├─ 阅读活动：《花格子大象艾玛》
                      │                       └─ 区域活动：各种布和蚕的阅读活动(语言区)
                      │
                      │                              ┌─ 语言活动：蚕宝宝
                      │               ┌─ 了解布的由来 ─┼─ 亲子活动：照顾蚕宝宝
                      │               │              ├─ 区域活动：蚕的生长(科学区)
                      │               │              └─ 区域活动：三味书屋(语言区)
                      ├─ 布从哪里来 ──┤
                      │               │              ┌─ 社会活动：织布机
布的秘密 ─┤               └─ 布的制作 ───┼─ 区域活动：编织活动(美工区)
                      │                              ├─ 美术活动：设计漂亮的格子布
                      │                              └─ 美术活动：创意格子布
                      │
                      │                              ┌─ 阅读活动：《阿诗有块大花布》
                      │                              ├─ 表演游戏：雨伞树
                      │               ┌─ 布艺玩具 ───┼─ 体育活动：跳布袋
                      │               │              ├─ 区域活动：搭帐篷(结构区)
                      │               │              ├─ 区域活动：布影戏(表演区)
                      │               │              └─ 美术活动：布贴画
                      └─ 和布玩游戏 ─┤
                                      │              ┌─ 语言活动：假如我有一块布
                                      │              ├─ 阅读活动：《雨伞树》
                                      └─ 小小设计师 ─┼─ 美术活动：设计桌旗
                                                     ├─ 区域活动：布的各种创意制作(美工区)
                                                     ├─ 区域活动：生活中的布制品(美工区)
                                                     └─ 区域活动：时装秀(表演区)
```

大班自主探究课程《布的秘密》课程网络图

三、课程计划

活动类别	活动名称
集中教育活动	科学：各种各样的布 阅读：《花格子大象艾玛》 美术：设计漂亮的格子布 美术：布贴画 美术：创意格子布 阅读：《阿诗有块大花布》 美术：设计桌旗 语言：假如我有一块布 社会：织布机 语言：蚕宝宝 美术：刺绣 阅读：《雨伞树》
游戏活动	表演游戏：雨伞树 体育游戏：跳布袋
区域活动	语言区：三味书屋、各种布和蚕的阅读活动 表演区：时装秀、布影戏 建构区：搭帐篷 美工区：布的各种创意制作、生活中的布制品、编织活动 科学区：蚕的生长、现代布
亲子活动	社会活动：买布 科学活动：照顾蚕宝宝

四、集中教育活动教案

活动1：各种各样的布（科学）

活动目标：

1. 知道生活中各种各样的布，大胆介绍自己带来的布制品。
2. 通过观察、触摸和仿编歌曲的方式，感知不同质地的布料，进一步认识布的用途。

3. 乐意参与"神奇的大口袋"游戏活动，感知不同质地的实物，找出用布制成的各种物品。

活动准备： 幼儿收集的各种布与布制品

活动过程：

一、出示布料，感受棉布和塑料布的区别

1. 这是什么？
2. 仔细看看，这两块布有什么不同？你喜欢哪一块？为什么？
3. 请个别幼儿闭上眼睛，上来摸一摸，说一说：你觉得它们一样吗？有什么不一样？你更喜欢哪一块桌布？

二、交流活动——我带来的布

1. 以小组为单位，相互交流自己带来的布制品，讲述其名称以及质地。
2. 请个别幼儿在集体面前，介绍自己带来的布制品。

三、自主感受，进一步感知不同质地的布料

幼儿用各种感官感受各种质地的布，记录自己的发现。

四、游戏《神奇的大口袋》

介绍游戏规则：出示神奇的大口袋，告诉幼儿在神奇的大口袋里有许多东西，请小朋友闭上眼睛，用手在大口袋里摸一摸，找出布制品后，拿出来给大家看，看是否能猜对。

五、音乐活动《神奇的布》，巩固复习各种各样的布

带领幼儿随着音乐表演歌曲《神奇的布》。

六、启发幼儿仿编歌曲

布的种类有很多，你知道还有哪些布？你想用布来做什么？

活动照片：

感知：各种各样的布

活动2：《花格子大象艾玛》（阅读）

活动目标：

1. 自主阅读故事，了解故事内容。
2. 发现并分享自己与别人不同的地方。

活动准备： 图画书《花格子大象艾玛》

活动过程：

一、封面阅读，引导幼儿猜测故事主角

1. 从封面看，你觉得可能讲述了什么故事？
2. 为什么这只大象和别的大象不一样呢？

二、自主阅读故事，了解故事的大致内容

1. 艾玛怎么把自己的花格子变没了？
2. 为什么后来大象们都变了？

三、谈话：我有什么和别人不同的地方

分享交流，自主记录。

活动 3：设计漂亮的格子布（美术）

活动目标：

尝试自选材料绘画花格子布，感受花格子图案的美。

活动准备：

"花格子大象"系列书、生白布、颜料

活动过程：

一、听故事回忆故事内容

1. 请小朋友一边听故事一边欣赏画面。
2. 你喜欢哪一种格子，你会怎样设计？

二、用花格子设计动物

1. 教师介绍设计花格子的材料，如印画材料、水彩笔、水粉棒等。
2. 分组尝试绘画，设计花格子。
3. 欣赏花格子布。

活动 4：布贴画（美术）

活动目标：

1. 能用各种碎布剪、贴、拼动植物形象。
2. 感受碎布拼贴的美。

活动准备： 纸、笔、剪刀、各种碎布及碎布作品

活动过程：

一、欣赏布贴画导入

1. 这里有很多作品，你们知道它是怎样画出来的吗？
2. 这些作品是用各种布拼贴出来的，你们想试一试吗？今天我们也要来制作，你们觉得应该怎样做呢？

二、总结制作方法

1. 在纸上画出动物形象，剪下来。
2. 把剪下来的形象放到布上再剪下布。
3. 找合适的布料搭配颜色进行动物五官的剪贴。
4. 粘贴到作品板上。

三、幼儿尝试制作布的拼贴作品

四、作品欣赏

活动5：创意格子布（美术）

活动目标：

1. 尝试用剪、添画的方式对格子布进行有趣的美术创作。
2. 喜欢美术创意活动。

活动准备： 格子布若干、黑色水彩笔、剪刀

活动过程：

一、欣赏有创意的格子画

1. 这些画有什么特别的地方？
2. 你觉得这些有趣的图画是怎么做出来的？（方法：剪、添画、贴）

二、幼儿讨论创作方法，然后制作

1. 先在格子布的背面画出大图形，然后剪下来。
2. 添画上相关部分。

三、展示、欣赏幼儿作品

1. 请幼儿说一说自己的作品：是什么？怎么做的？
2. 评价同伴的作品。

四、收拾材料，活动结束

活动照片：

活动6：《阿诗有块大花布》（阅读）

活动目标：

1. 安静听读故事，感受图画书的书面语言和美术语言都在讲同一个故事。
2. 用图画和文字的方式对图画书进行仿编，并大胆讲述自己仿编的故事。

活动准备：图画书《阿诗有块大花布》、纸笔人手一份

活动过程：

一、完整听读图画书

1. 仿编"阿诗用大花布帮助谁做了什么"这一情节。
2. 鼓励幼儿用图画的形式把仿编的内容画下来。

二、讲述仿编的情节故事

1. 请个别幼儿讲述仿编情节。
2. 幼儿互相分享仿编情节。

三、把仿编的故事画下来

1. 展示幼儿仿编的故事。
2. 教师小结，收拾整理材料。

活动照片：

活动7：设计桌旗（美术）

活动目标：

1. 发现桌旗图案的特点，能用各类材料大胆装饰桌旗。
2. 愿意和伙伴一起商量进行绘画。

活动准备：白布、颜料、水彩笔

活动过程：

一、欣赏各种桌旗，了解桌旗

1. 教师出示几种风格的图案，引导幼儿重点观察图案的特点。

2. 说说你如何装饰桌旗，用什么样的图案进行绘画。

二、幼儿尝试进行绘画

三、欣赏作品

放音乐把桌旗铺好请幼儿饮水，感受桌旗给生活带来的美。

活动照片：

活动8：假如我有一块布（阅读）

活动目标：

1. 尝试小组分工合作，用图形图示、符号、文字记录创编图画书《我有一块××布》。
2. 能用较完整连贯的语言讲述小组作品。

活动准备： 纸张若干

活动过程：

一、回忆故事内容

1. 回忆绘本《阿诗有块大花布》里，阿诗用大花布做了什么？
2. 谈话：假如你有一块自己喜欢的布，你会用它来做什么？

二、小组活动：创编故事《我有一块××布》

1. 小组讨论：你们想要一块什么布？想用它来做什么？
2. 小组商量分工情况。
3. 小组合作创编、记录故事。
4. 小组分享。

三、分享作品

1. 请每组派小代表讲述小组作品。
2. 教师评价小结，活动结束。

活动9：织布机（社会）

活动目标：

1. 了解布是织布机用一根一根的线织出来的，发现古代和现代织布方式的不同。
2. 愿意尝试用简易织布机进行织布活动。

活动准备： 古代和现代织布图片、视频、简易织布机

活动过程：

一、导入

我们每天都离不开衣服，现在的衣服颜色漂亮，布的花色也多，你们知道古人的衣料是怎样生产出来的吗？

二、了解织布机（观看视频与图片）

1. 你知道织布机是怎样工作的吗？（古代与现代）
2. 请幼儿说出他们的发现。
3. 了解古代织布和现代织布的相同和不同之处。

三、尝试操作

1. 幼儿自由探索用织布机织布，发现织布方法。
2. 收拾整理材料。

活动照片：

活动 10：阅读：《诞生了！蚕》

活动目标：

1. 能用自己的语言较完整连贯地讲述图画书的内容，能安静倾听别人的发言。
2. 了解蚕的生长过程及相关情况。

活动准备： 绘本《诞生了！蚕》

活动过程：

一、谈话

1. 说说在我们班的养蚕活动中，你们有哪些发现。
2. 说说你们发现的问题。

二、自主完整阅读，了解图画书内容

1. 你们的问题在书里有答案吗？
2. 这本书讲了关于蚕的哪些事情？
3. 请幼儿说说自己的发现。

三、梳理记录：蚕的出生与生长

活动11：蚕宝宝（语言）

活动目标：

1. 通过观看视频，了解蚕的外形特征、习性。
2. 能大胆地进行讲述、猜想。

活动准备： 有关蚕的视频、纸、笔

活动过程：

一、谈话导入

1. 你们看到过蚕宝宝吗？
2. 蚕宝宝是什么样子的？画一画。

二、观看视频，了解蚕

1. 你从视频里面发现了关于蚕的什么信息？
2. 猜想：蚕会长多大？它长大了会有什么变化？

三、绘本故事：蚕

1. 完整阅读绘本。
2. 记录与分享：你发现的蚕。

活动12：刺绣（美术）

活动目标：

1. 学习跑步绣一上一下的基本针法。
2. 活动时保持专注力和持续性。

活动准备： 针、线、布

活动过程：

一、欣赏针法

1. 上一次大家尝试了锁边绣，今天我们来学习新的针法——跑步绣。
2. 让我们一起来看看它是怎样绣出来的。

二、介绍刺绣工具

（一）介绍工具的使用方法及刺绣基本方法。

1. 出示针、线、布、绣花绷等工具，介绍工具的使用方法。
2. 教师示范跑步绣的方法，幼儿仔细观察。

（二）介绍刺绣时的注意事项。

我们在刺绣时要注意正确使用针，不能对着他人，穿的时候注意不要扎到手。

三、幼儿尝试刺绣

教师注意观察并进行个别指导。

四、作品欣赏评价

活动 13：《雨伞树》（阅读）

活动目标：

1. 仔细阅读，了解图画书故事的大致内容。
2. 联系相关信息，理解故事人物的行为和情感。
3. 能用完整连贯的语言讲述自己的发现和感受。

活动重点： 了解故事大致内容，理解人物的行为和情感

活动难点： 联系相关信息，理解人物的情感变化

活动准备：

1. 两人一本书、故事PPT。
2. 座位安排。（三张小桌子，每张坐4个幼儿）

活动过程：

一、封面阅读，激发兴趣，猜想故事内容

1. 你在这段动画里发现了什么？
2. 猜猜熊猫和雨伞树之间会发生怎样的故事呢？

二、分段阅读，理解故事

1. 集体阅读绘本第1部分。
2. 自主阅读绘本4—19页。他们会一直这样开心下去吗？
3. 要求：

   （1）两人看一本书。
   （2）看完了之后小组小声讨论，然后每组请1个代表发言。
   　　 发生了什么？（伞破—丢失—寻找）
   　　 如果是你最心爱的朋友不见了，你会怎么做？

　　　　离开了瓜瓜和丫丫的红雨伞，她又遭遇了什么呢？

　　　　猜想：伤心难受的红雨伞醒来后会发生什么？

4. 自主阅读绘本20—35页。

　　（1）红雨伞醒来之后发生了什么变化？

　　（2）她的样子发生这样大的改变，瓜瓜和丫丫会找到她吗？

　　（3）熊猫和红雨伞终于找到了对方，他们会说些什么呢？会做些什么呢？

小结：瓜瓜和丫丫丢失了心爱的红雨伞，这是一件多么难过的事情啊！但是他们一直坚持不懈地寻找，终于找到了丢失的红雨伞，那又是一件多么开心的事情啊！

三、配乐完整听读，再次感受故事情感

1. 读了这本书，你有什么感受？
2. 让我们把我们的心情和想法画下来。

五、游戏活动教案

活动1：雨伞树（表演游戏）

活动目标：

1. 尝试运用语言、表情和动作，表现两只熊猫和雨伞重逢的情节。
2. 能够三人一组自由组合，共同协商分配角色。
3. 体验表演和创造的快乐。

活动准备： 幼儿已经阅读绘本《雨伞树》

活动过程：

一、师幼一起回忆故事情节：瓜瓜和丫丫与雨伞重逢

1. 他们重逢了之后说了什么，做了什么？
2. 重逢后的心情是怎样的？

二、表演故事对话

1. 尝试声情并茂地进行对话活动。
2. 请个别幼儿表演角色。

三、分组表演

1. 幼儿自由分组：3人一组。
2. 幼儿共同协商分配角色。
3. 各组幼儿进行表演游戏，教师观察指导。

四、小结

1. 请个别小组说说是怎么表演的。
2. 教师表扬有创新表演的幼儿，并请相关幼儿示范。

五、再次表演

六、小结谈话

在表演中遇到了什么问题或困难？

活动2：跳布袋（体育游戏）

活动目标：

1. 能手脚灵活地用麻袋进行双脚跳。
2. 感受团队合作的愉悦。

活动准备：布袋若干

活动过程：

1. 热身准备。
2. 基本部分，教师交代游戏名称及玩法。
3. 游戏开始，教师发出信号，每队排头的幼儿将双足穿入袋中，两手手执袋口，双足向前跳，至终点线后再跳回交给第二人，依次进行，请两名幼儿以迎面接力形式示范一次。
4. 幼儿分组练习。
5. 全体幼儿竞赛。
6. 结束部分，放松活动。

六、亲子活动教案

活动1：买布了（社会）

活动目标：

1. 能选择自己喜欢的布，尝试自己买布。
2. 用买来的布料自己设计制作小物件并完成记录单。

活动准备：幼儿自行准备钱币、记录表

实施建议：

1. 家长和孩子可以先讨论并记录购买的布料准备做什么；让孩子自己选择喜欢的布料图案和花纹。
2. 引导孩子预测所需布料的大小尺寸，也可由孩子自己询问老板。

购买清单记录表（供参考）

购买布料数量		价格	
购买布料花型、图案			
制作物件			
布料用量			

活动2：带蚕宝宝回家（科学）

活动目标：用自己的方法照顾保护蚕宝宝。

活动准备：蚕、桑叶

实施活动建议：

1. 家长和孩子一起先梳理出带蚕宝宝回家和照顾蚕宝宝的方法。
   （1）可以怎么带回去？在路上要注意什么？
   （2）蚕宝宝放到家里哪个地方合适？怎么喂养呢？
2. 在班级群里发活动意图，请孩子在家喂养蚕宝宝，并把自己的喂养方法及蚕宝宝的生长过程记录下来。

《我的蚕宝宝》观察记录单（供参考）

我的蚕宝宝
记录人：_____
*家长可引导孩子用思维导图或其他表征方式进行记录

活动照片：

七、区域投放材料及建议

语言区

名称：三味书屋

投放材料：

绘本《诞生了！蚕》《雨伞树》《奶奶的花布头》《阿诗有块大花布》以及《花格子大象艾玛》系列

观察与指导建议：

1. 《雨伞树》投放若干本，有层次地投放绘本让幼儿阅读。
2. 阅读完成后，幼儿在小剧场里进行绘本故事表演。
3. 绘本前书写活动，记录自己的阅读、仿编、创编、设计等，并讲述自己的记录或创作。

建构区

名称：搭帐篷

新投放材料：布条布块、树枝、轮胎、PVC 管

观察与指导建议：

1. 投放搭帐篷的布和树枝，让幼儿进行自由探索。
2. 引导幼儿除帐篷外的其他搭建工作，如：搭沙发、搭担架、织网等活动。
3. 幼儿记录在搭建过程中遇到的问题，一起解决。

活动照片：

表演区

名称：自制服装秀

投放材料：大小不同的各种材质的布块、表演服装、布影戏相关材料

实施活动及建议：

1. 集体观看时装秀视频或 PPT，讨论：什么是时装秀。
2. 投放时装图片供幼儿设计参考；同时投放纸笔，幼儿每次活动时可先画设计图。
3. 开展时装秀、花格子大象艾玛、小小设计师等活动。
4. 欣赏布影戏，体验布影戏表演。

美工区

名称： 创意方块

投放材料：

针、织布机、布条、粗细不同颜色不同的线、刺绣框、刺绣半成品、各种布料、生活中的布制品

实施活动及建议：

幼儿可进行刺绣、蓝印布、做荷包、扎染、布条编织、剪剪贴贴、制作布袋或布娃娃等。

科学区

名称：蚕的生长、现代布

投放材料：

手电筒、滴管、蚕、养蚕记录表、桑叶、各种不同材质的布

实施活动及建议：

可进行布从哪里来、我认识的布、会吸水的布、会遮光的布、蚕宝宝吃桑叶、蚕宝宝的变化等观察实验活动。

八、班级环境创设

课程问题墙 　　　　　　　　　　活动室环境

美工区编织角问题和方法梳理墙 　　阅读区墙面 　　搭帐篷

案例 5　春天里，运动会

课程说明

> 冬奥会，迎来了两个小宝贝——冰墩墩和雪容融，孩子们对这两个吉祥物非常感兴趣。他们知道吉祥物是为冬奥会专门设计的，并且知道冬奥会就是在冬天举办的奥运会。
>
> 通过观看冬奥会的比赛，孩子们有了自己喜爱的运动员，有了喜欢的比赛项目，但也产生了一系列的问题：奥运会只能是冬天举行吗？春天能举办运动会吗？夏天、秋天呢？运动会都有哪些比赛项目？……
>
> 带着这些疑问，孩子们和家长一起借助网络观看了各种类型的运动会比赛，还开展了亲子调查，最后发现：运动会有很多类型，不同的季节都可以举办运动会，不同的运动会有不同的比赛项目，等等。
>
> 此时正值生机蓬勃的春季，孩子们想举办一场自己的运动会。于是"春天里，运动会"的筹划与实施就开始了，这是一场身体和思维并行的运动会。

一、课程目标

1. 了解各项运动项目的相关知识，并尝试体验各项运动。
2. 了解什么是运动会、运动会的内容和流程，并能积极参与运动会的各个流程。
3. 感受运动带来的团结、互助以及不怕困难的体育精神。感受运动带来的快乐，能积极投入到体育锻炼中，探索运动后身体的变化情况，增强体质。

二、课程实施路径图或网络图

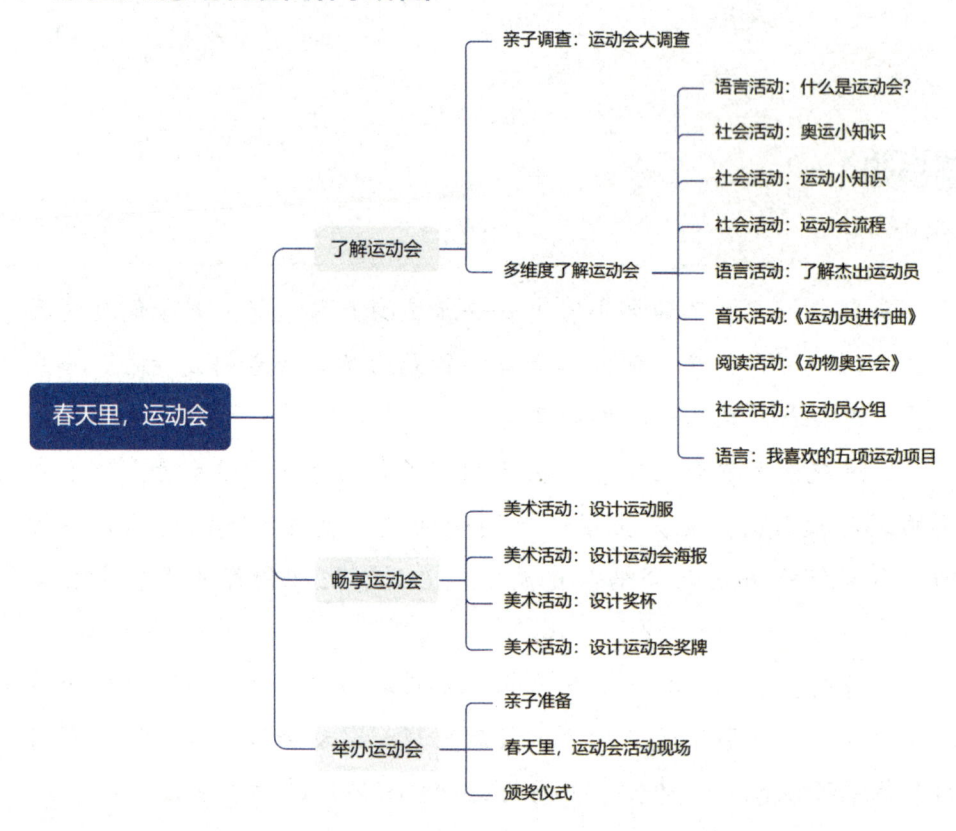

```
                    ┌─ 亲子调查：运动会大调查
                    │              ┌─ 语言活动：什么是运动会？
                    │              ├─ 社会活动：奥运小知识
         ┌─ 了解运动会─┤              ├─ 社会活动：运动小知识
         │          │              ├─ 社会活动：运动会流程
         │          └─多维度了解运动会─┼─ 语言活动：了解杰出运动员
         │                         ├─ 音乐活动：《运动员进行曲》
春天里，运动会─┤                         ├─ 阅读活动：《动物奥运会》
         │                         ├─ 社会活动：运动员分组
         │                         └─ 语言：我喜欢的五项运动项目
         │          ┌─ 美术活动：设计运动服
         ├─ 畅享运动会─┼─ 美术活动：设计运动会海报
         │          ├─ 美术活动：设计奖杯
         │          └─ 美术活动：设计运动会奖牌
         │          ┌─ 亲子准备
         └─ 举办运动会─┼─ 春天里，运动会活动现场
                    └─ 颁奖仪式
```

大班自主探究课程《春天里，运动会》课程网络图

三、自主探究课程计划

活动类别	活动名称	
集中教育活动	语言：什么是运动会？ 语言：我最喜欢的五项运动项目 社会：奥运会小知识 社会：运动小知识	社会：运动会流程 语言：了解杰出运动员 音乐：《运动员进行曲》 阅读：《动物奥运会》 社会：运动员分组

250

续表

活动类别	活动名称
区域活动	美工区：设计运动服 美工区：设计运动会海报 美工区：设计奖杯 美工区：设计运动会奖牌
亲子活动	1. 亲子调查：运动会大调查 2. 亲子练习准备

四、集中教育活动教案

活动1：什么是运动会？（语言）

活动目标：

1. 了解运动会的特点、项目以及运动会的事项。
2. 能大胆表达关于运动会的观点。

活动准备：纸、笔

活动过程：

一、图片导入，了解冬奥会

通过图片引出冬奥会，让孩子说说什么是冬奥会。

小结：冬奥会是世界运动会中的一种，它的特点是在冬天举办，运行项目和冰雪有关。

二、说一说，了解更多的运动会

你们还知道有哪些运动会？

小结：除了冬奥会，还有夏季奥运会、残奥会；还有单向竞技比赛，如 NBA、世界杯等。

三、讨论：什么是运动会

1. 你们觉得运动会是什么呢？可以干什么呢？
2. 幼儿自由说一说。
3. 请幼儿将自己的想法画下来。

活动照片：

幼儿用绘画的方式表征"运动会是什么"

活动2：我最喜欢的五项运动项目（语言、统计）

活动目标：

1. 通过谈话、投票确定运动项目。
2. 萌发参与运动会的积极性。

活动准备： 纸、笔

活动过程：

一、出示运动会的项目

请幼儿分享：你最想参与的比赛项目并根据自己的记录来分享。

二、选择运动项目

1. 大家有这么多最想参与的运动项目，如果要选出大家最喜欢的五项运动，可以怎么办？
2. 和幼儿讨论出用投票的方式来解决。
3. 幼儿投票。

三、统计投票结果

1. 数一数哪种项目的票数最多。
2. 请幼儿用比较的方式确定投票数最多的五项运动。

活动照片：

活动3：奥运小知识（社会）

活动目标：

1. 通过知识竞答的方式了解奥运知识。
2. 能在小伙伴前大胆分享奥运知识。
3. 感受祖国的强大。

活动准备：已完成亲子调查《奥运小知识》

活动过程：

一、分享关于奥运会的调查

请幼儿结合《奥运小知识》调查问卷表分享调查结果。

二、重点分享奥运会的标志、吉祥物和举办地

1. 2022年冬奥会的举办地在哪里？为什么会选择中国北京？
2. 冬奥会的标志是什么？
3. 为什么要这样设计？
4. 吉祥物是什么？代表什么含义？
5. 中国在此次冬奥会中共获得多少枚金牌？

三、奥运竞答赛

1. 介绍比赛规则。
2. 开始竞答。
3. 统计竞答结果。

活动4：运动小知识（社会）

活动目标：

1. 了解常见的运动项目。
2. 知道在运动项目中需要注意的安全事项。
3. 喜欢运动。

活动准备：运动安全小知识的PPT、常见的运动图片

活动过程：

一、出示PPT

图片中的小朋友怎么了？

小结：他在运动，但是他很痛苦，说明他可能受伤了。

二、了解常见的运动

（一）游戏：猜一猜

1. 教师做动作，请幼儿猜一猜是什么项目。
2. 请一名幼儿看图做动作，其他幼儿猜。
3. 猜完后，出示图片验证。

（二）讨论：运动中的安全事项

1. 在运动时应该注意哪些安全事项？
2. 引导幼儿针对每一项运动进行讨论。
3. 请幼儿分组将讨论的结果画下来。

活动5：运动会的流程（社会）

活动目标：

1. 了解运动会的流程和需要的物品。
2. 激发幼儿参与运动会的愿望，并乐意投入到训练中。

活动准备：运动会短视频

活动过程：

一、谈话导入

1. 运动会是怎么开展的？

2. 一场运动会有哪些流程？

二、观看运动会短视频

1. 我们刚刚讨论的运动会流程和视频是一样的吗？
2. 一场运动会到底有哪些环节呢？

小结：一场运动会从开始到结束由三个部分组成，开幕式（节目表演、运动员入场）、运动比赛（分项目）、评奖领奖。

3. 运动会开幕式上需要什么？

小结：开幕式上需要音乐、口号、整齐的队服、班牌或队牌等。

三、再次观看运动会短视频

请幼儿记录运动会的流程和需要的物品。

幼儿整理出的运动会流程

活动 6：了解杰出运动员（语言）

活动目标：

1. 通过调查，寻找一位喜欢的运动员。
2. 能大胆清楚地介绍喜欢的理由。
3. 感受运动员的勇敢、坚韧以及奥运精神。

活动准备：

运动员代表图片，对运动会项目、运动员进行前期调查

活动过程：

一、谈话导入

1. 你们知道在上一次的奥运会中，中国一共获得了多少枚金牌吗？金牌总数排名第几？
2. 你知道有哪些运动员获得金牌吗？

二、分享运动员们的故事

1. 鼓励幼儿结合自己的调查说出自己喜欢的运动员并给出理由。
2. 你们知道他们为什么能得金牌吗？

小结：运动员正是经过一次又一次的艰苦训练，不断地练习，不懈地努力，才可能获得金牌。

三、播放运动员的视频

引导幼儿感受运动员的勇敢和坚韧。

活动7：《运动员进行曲》（音乐欣赏）

活动目标：

1. 感受进行曲强有力的旋律和节奏特点。
2. 了解音乐的三段式结构，根据音乐发展音乐鉴赏力和想象力。
3. 能愉快地参与欣赏活动，体验活动带来的快乐。

活动准备： 运动员入场视频

活动过程：

一、播放音乐，感受音乐

听完这首曲子，你有怎样的感受？

小结：刚才我们听的这首曲子叫《运动员进行曲》，这首曲子表现了运动员昂扬的精神风貌和坚定决心，听起来感觉怎么样，为什么？这首曲子有快有慢，是一首节奏感很强的歌曲。

二、再次播放音乐，感受音乐的变化

1. 这首曲子的节奏是怎样的？
2. 小结：由快到慢，再由慢到快。
3. 鼓励幼儿大胆讲述想象内容：你听到的运动员在干什么？
4. 模仿运动员的动作。

三、播放运动员入场的视频

1. 引导幼儿观察运动员的行走姿势、表情等。
2. 幼儿在音乐伴奏下表现运动员走路、参加比赛时的样子，感受运动员挺拔的身姿、走路的气势等。

四、延伸：我是小小运动员

随着音乐节奏原地踏步，分组创编"运动员入场"的动作。

活动8：《动物奥运会》（阅读）

活动目标：

1. 喜欢阅读故事，欣赏和肯定自己与他人的本领。
2. 根据动物的特征猜测每一项目的比赛结果。

活动准备： 绘本《动物奥运会》

活动过程：

一、谈话导入活动

1. 今天森林里可热闹了，你们猜一猜发生了什么事？
2. 原来是热爱运动的小动物们欢聚一堂，我们一起来看一看他们是谁。
3. 森林里要举办一场奥运会，谁会获得比赛的冠军？

二、集体阅读

（一）第一次阅读

1. 播放 PPT，猜测比赛结果。
2. 你觉得谁会获得跑步比赛的冠军？为什么是他？
3. 请幼儿根据动物自身的特征猜测每项比赛的结果。

（二）第二次阅读

1. 再次播放故事幻灯片，总结分享故事，欣赏和肯定自己与他人的本领。（理解冠军是相对的，每个人都有自己擅长的本领）
2. 总结与讨论：就像森林里的小动物一样，每个人都有自己的特长。

三、自由阅读

活动9：运动员分组（社会）

活动目标：

1. 集体讨论运动员应如何分组进行比赛。
2. 能用表征的方式记录小组信息。

活动准备： 纸、笔

活动过程：

一、了解为什么要分组

运动会即将开始，我们应该怎么进行比赛呢？

二、梳理分组比赛方式

1. 大家都觉得应该分组进行比赛。那怎么来分组？
2. 根据幼儿的讨论梳理分组方法：按比赛项目分组、按男孩女孩分组、自由分组。

三、幼儿尝试分组

1. 幼儿开始按比赛项目分组。
2. 教师观察分组中出现的问题，及时介入指导。

四、表征分组方法及分组情况

小组内进行表征记录。

五、区域活动教案

美工区

名称1：我最喜欢的运动服

投放材料：水彩笔、记号笔、白纸等

观察与指导要点：

1. 引导幼儿欣赏运动员服饰（赛跑、体操、投掷、投篮、跳远、游泳运动员的服装）剪影，了解不同

幼儿设计运动服

运动项目服饰的特点。
2. 鼓励幼儿大胆设计运动员服装，并能说出设计思路。
3. 引导、鼓励幼儿寻找材料将设计的服装制作出来。

名称2：设计运动会海报

投放材料：纸、笔

观察与指导要点：

1. 幼儿收集海报，了解海报的作用。
2. 幼儿欣赏海报，讨论海报设计的元素。
3. 鼓励幼儿根据本次运动会大胆设计海报。

幼儿设计的运动会海报

名称3：设计奖杯

投放材料：纸杯、纸筒、矿泉水瓶、双面胶等

观察与指导要点：

1. 幼儿欣赏奖杯，了解运动会奖杯的特点。
2. 鼓励幼儿大胆设计奖杯。
3. 幼儿选择材料将设计的奖杯制作出来。

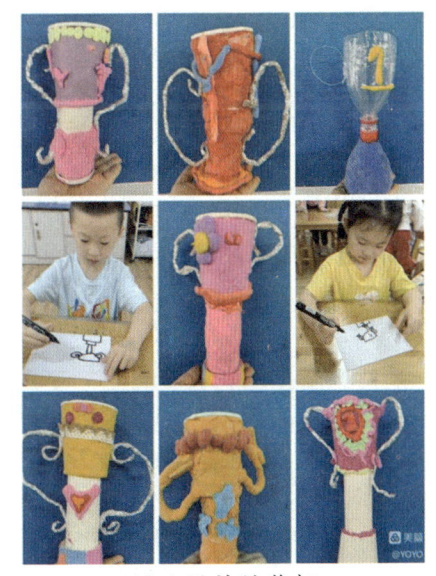

幼儿设计的奖杯

名称4：自制奖牌

投放材料：卡纸、剪刀、皱纹纸、丝带、双面胶

观察与指导要点：

1. 幼儿观察奖牌，了解奖牌的特点。
2. 幼儿大胆设计奖牌。
3. 幼儿选择材料将设计的奖牌制作出来。

幼儿设计的奖牌

六、亲子活动教案

活动1：运动会大调查

活动目标：

1. 了解什么是运动会，并能够大胆讲述。
2. 知道运动会有哪些项目。

活动过程：

一、了解运动会

小朋友们，什么是运动会呢？

小结：运动会就是指体育运动的竞赛会。

二、运动项目的种类

你们知道的运动项目有哪些呢？

小结：滑冰、游泳、体操、跳高等。

三、说说你喜欢的运动

运动会调查问卷表	
运动会名称	
运动会项目 （用图＋文的方式记录）	
说一说：什么是运动会？ （幼儿说，家长用文字记录）	

活动2：亲子练习

活动目标：

1. 增强对运动会的期待。
2. 结合自己的参赛项目，加强练习。

活动建议：亲子练习，自愿在群里参与打卡传回练习的照片

七、班级环境创设

大环境创设运动氛围

运动会项目 　　　　　　运动安全

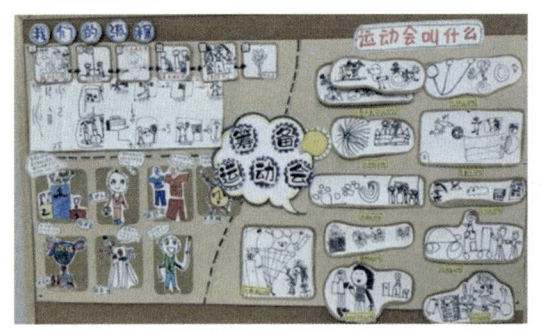

筹备运动会　　　　　　　　投票：我最喜欢的运动项目

265

案例6 上学路上

课程说明

> 从家到幼儿园这条路，小朋友走了3年，他们对路线很熟悉，路上所观察到的人、事、物是非常重要的课程资源，他们会问这个标志是什么意思？为什么上学路上有这么多餐馆？我是坐爸爸的车来幼儿园的，其他小朋友呢？来幼儿园的公交车要经过几个站台？哪条路会近一点？关于上学路，孩子们有了一系列发现和问题。从孩子们的生活出发，我们将和孩子一起去探索上学路上的秘密。
>
> 从调查问卷表出发，通过孩子们实地感知和发现，将孩子们的兴趣作为切入点，从孩子们的问题中引发课程，将课程分为：上学的路线、路上的发现、路上请注意三大板块。在画上学路线的课程中进一步引导孩子观察地图，从地图上获取有用的信息，了解地图上的主要标志及其功用，从身边的知识出发，鼓励孩子们关注和了解上学路上的事物、标识、文字符号等；认识路线图，并尝试用绘画、照片、符号等多种方式绘制路线；愿意大胆探索上学路上的奥秘。
>
> 课程《上学路上》通过最贴近生活的活动，孩子们发现了很多上学路上的新鲜事，这也激发了孩子们大胆想象、主动探索之心。

一、课程目标

1. 关注上学路上的事物、标识、文字符号，了解它们的作用，能完整地讲述自己所观察到的上学路上的人、事、物。

2. 认识路线图，并尝试用绘画、照片、符号等多种方式绘制上学路线。
3. 在成人的帮助下制定简单的调查计划并执行。
4. 能发现生活中很多问题都可以用数学方法来解决，体验解决问题的乐趣。

二、课程实施路径图或网络图

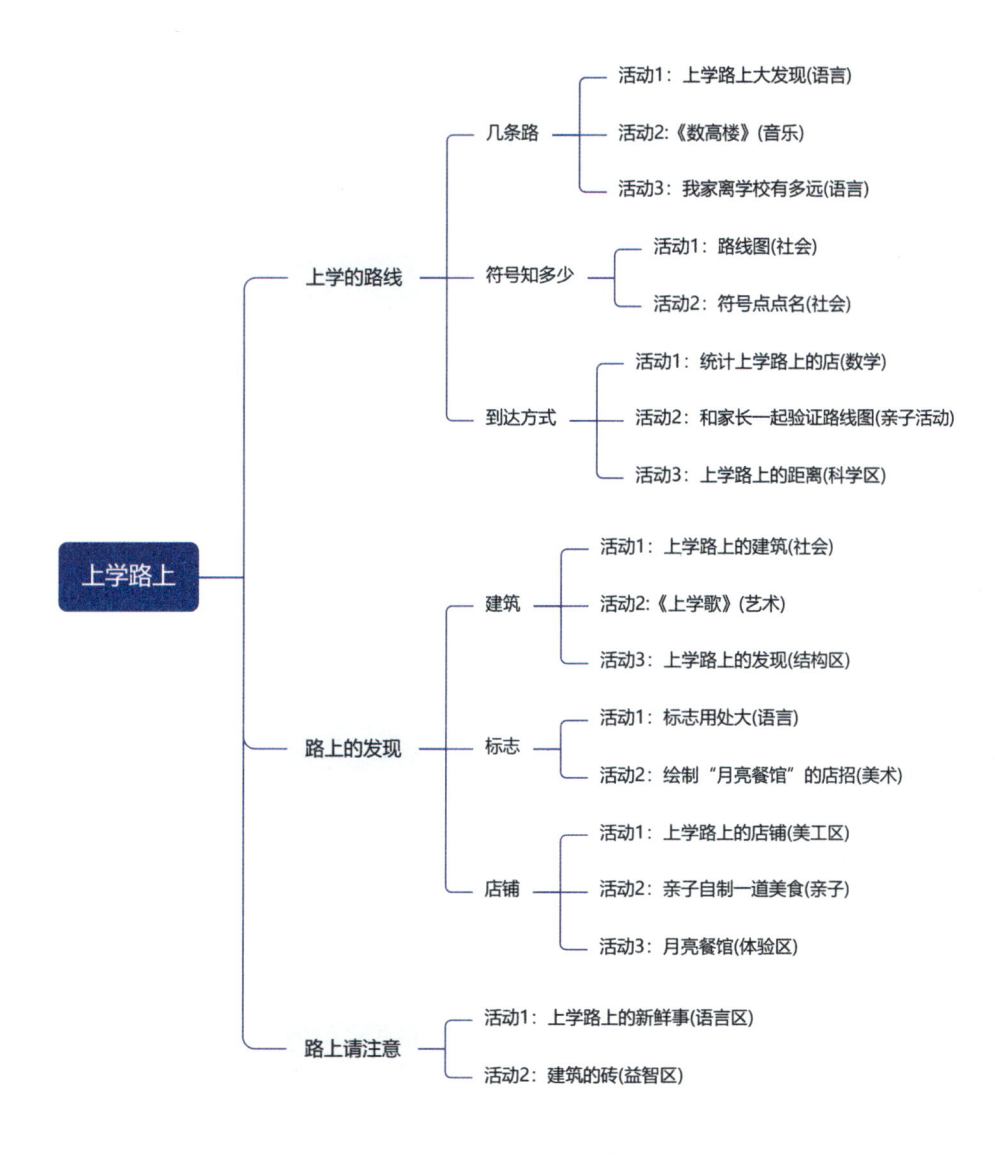

上学路上
- 上学的路线
  - 几条路
    - 活动1：上学路上大发现（语言）
    - 活动2：《数高楼》（音乐）
    - 活动3：我家离学校有多远（语言）
  - 符号知多少
    - 活动1：路线图（社会）
    - 活动2：符号点点名（社会）
  - 到达方式
    - 活动1：统计上学路上的店（数学）
    - 活动2：和家长一起验证路线图（亲子活动）
    - 活动3：上学路上的距离（科学区）
- 路上的发现
  - 建筑
    - 活动1：上学路上的建筑（社会）
    - 活动2：《上学歌》（艺术）
    - 活动3：上学路上的发现（结构区）
  - 标志
    - 活动1：标志用处大（语言）
    - 活动2：绘制"月亮餐馆"的店招（美术）
  - 店铺
    - 活动1：上学路上的店铺（美工区）
    - 活动2：亲子自制一道美食（亲子）
    - 活动3：月亮餐馆（体验区）
- 路上请注意
  - 活动1：上学路上的新鲜事（语言区）
  - 活动2：建筑的砖（益智区）

大班自主探究课程《上学路上》课程网络图

三、课程计划

活动类别	活动名称
集中教育活动	谈话：上学路上大发现 音乐：《数高楼》 语言：我家离学校有多远 语言：标志用处大 社会：路线图 数学：统计上学路上的店 社会：符号点点名 社会：上学路上的建筑（龙洲湾通州公园大门） 美术：绘制月亮餐馆的店招 艺术：《上学歌》
区域活动	语言区：上学路上的新鲜事 建构区：上学路上的发现 美工区：上学路上的店铺 科学区：上学路上的距离 益智区：建筑的砖 体验区：月亮餐馆
亲子活动	科学活动：和家长一起验证路线图 美食活动：亲子自制一道美食

四、集中教育活动教案

活动1：上学路上大发现（语言）

活动目标：

1. 能说出自己上学路上的一些发现。

2. 用思维导图记录发现的人、事、物。
3. 体验和同伴一起交流的快乐。

活动准备：调查问卷、照片

活动过程：

一、提问导入

1. 请幼儿说说自己收集的上学路上的一些发现。
2. 小朋友们，你们每天来幼儿园的路已经走了3年了，那你们有没有发现上学路上的一些秘密呢？

二、体验探索

小朋友们，选择一种图示将你的发现绘制出来。

三、分享自己的发现

1. 说一说自己的一些发现。
2. 将自己绘制的图片剪下来并粘贴在白纸上，制作海报。
3. 师幼一起梳理总结上学路上的发现。

活动2：《数高楼》（音乐）

活动目标：

1. 初步感受歌曲欢快活泼的旋律。
2. 会演唱歌曲《数高楼》，唱清歌词，感受"数高楼"（念白）部分节奏的不同。
3. 乐意参加音乐活动，学会合作，遵守游戏规则，享受集体游戏的快乐。

活动准备：与歌词相对应的高楼图片、音乐《数高楼》

活动过程：

一、故事导入，引出歌曲

歌曲里有什么好玩的东西呢？

二、理解歌词内容，熟悉旋律

1. 教师引导幼儿倾听歌曲。
2. 教师借助与歌词相对应的高楼图片，对歌曲内容进行提问。
   （1）歌曲中唱到了谁？（弟弟和妹妹）
   （2）他们在干什么？（数高楼）
   （3）"白云来回走"是什么意思？（来回随风飘荡，悠闲美好）
   （4）"全在云里头"是什么意思？（房子藏在云里头了）
   （5）"答数没法求"是什么意思？（不知道到底有几层楼）

三、学唱歌曲，掌握念白部分的节奏

四、游戏：数高楼

活动3：我家离学校有多远（语言）

活动目标：

1. 知道从家到学校的路线。
2. 尝试用计时的方法进行记录。
3. 能大胆讲述不同路线自己所需要的时间分别是多少。

活动准备：路线图、前期走路计时的经验

活动过程：

一、出示路线图，请幼儿观察

1. 小朋友们是怎么来幼儿园的？
2. 你知道自己每天来幼儿园花了多长时间吗？

二、讲述上学的故事

1. 小朋友们，听完两位小朋友的分享，你们觉得哪位小朋友用的时间最短呢？
2. 请用完整的语言讲述你是怎么来上学的，花了多少时间。
3. 你认为从家到幼儿园有多远？
4. 画一画你家到幼儿园的距离有多长。

三、教师提问：出示鱼洞城区地图。

请仔细观察图片，说说你的发现，讲述你家到幼儿园有几条路线，分别要用多少时间。

四、再次实践，和爸爸妈妈一起记录这段距离。

小朋友们可以讲一讲你是用什么方法记录的。

活动 4：标志用处大（语言）

活动目标：

1. 认识路上的常见交通标志，了解常见交通标志的含义。
2. 尝试设计标志，体验创作的快乐。
3. 在马路模型上演示交通标志，知道要遵守的交通规则。

活动准备：

1. 活动前请家长带孩子找找各种交通标志，并请孩子记录下来。
2. 常见交通标志的图卡。
3. 马路模型。

活动过程：

一、以谈话"我找到的交通标志"导入

你是在什么地方找到的标志？这个标志设计在那里有什么意义？

二、感知更多的禁止标志和警告标志

（一）出示"禁止攀登""禁鸣""禁止通行"标志。

1. 这几个标志是什么意思？
2. 这三个标志都是禁止人们做一些事情，仔细看看这三个标志有什么共同的地方。

（二）出示"注意行人"标志

这是什么标志？这个标志跟禁止标志有什么不一样？

三、结合具体交通标志，利用马路模型进行汽车行驶演示活动

四、深入讨论，引导幼儿设计交通安全标志

（一）讨论：

1. 除了这些交通标志，你还见过哪些交通安全标志？
2. 你觉得在马路上还有可能发生什么危险的事情？
3. 你想设计什么标志？这个标志要提醒人们注意什么事情？

（二）介绍材料，幼儿自由设计

五、延伸活动

将标志图卡放入语言区，让有兴趣的幼儿继续探索；把马路模型放入益智区，提供模型汽车让幼儿开展演示活动，帮助他们更好地理解标志的意义。

活动 5：路线图（社会）

活动目标：

1. 理解"↑、↓、←、→"四个不同方向的箭头所表示的意义。
2. 尝试根据 3 条路线图中箭头所指的行走方向，画出从起点到终点正确的行走路线。
3. 在讨论中能够大胆地表达自己的想法，并听取同伴的不同意见。

活动准备： 路线图、纸、笔

活动过程：

一、初步认识"↑、↓、←、→"四个不同方向的箭头

二、学习看路线记录表

1. 小兔子用这些不同方向的箭头画出了 3 张路线图，路线图上有些什么？
2. 路线图中每个格子里的箭头和数字告诉了我们什么？（箭头表示每一步行走的方向，数字表示第几步）
3. 第一条路线图的第一步往哪个方向走？第二步、第三步又往哪个方向走呢？
4. 我们一起来读一读第一条路线第一步的行走方向。
5. 第一条路线图一共要走多少步？

三、学习用记录表记录路线

1. 出示迷宫图和空白路线记录表，请幼儿指出从起点到终点的路线。
   （1）起点和终点在哪里？怎么记录？需要用什么来记录？
   （2）接下去第一步往哪个方向走？数字表示什么？箭头表示什么？
2. 教师和幼儿共同根据幼儿所指路线，走一步，即用数字和箭头记录一次，最后根据记录表把路线画在迷宫图上。

四、根据迷宫图设计路线，并记录

这里还有两张数字图，请你继续为小黑兔和小灰兔画出一条路线图，找到食物。

活动 6：统计上学路上的店（数学）

活动目标：

1. 尝试用分类的方法统计上学路上的各类商店。
2. 大胆尝试，用自己想到的方法做记录。

活动准备： 图片

活动过程：

一、感知统计的用途

教师：孩子们，从你家到幼儿园的路上，你看到了哪些商店呢？这么多的商店共有多少呢？我们怎么才能知道数量呢？

小结：分类统计的方法可以让我们很明确地知道各类店铺的数量。

二、小组讨论：统计上学路上的店

1. 用什么方法来统计比较好？
2. 如果是用表格，怎么设计？
3. 怎么记录？

三、幼儿绘制统计的表格或方案

四、实践

请幼儿回家时在路上进行统计。

活动 7：符号点点名（社会）

活动目标：

1. 用比较清楚的语言表达自己对符号的理解。
2. 初步体会符号在我们生活中的作用。

活动准备： 幼儿已收集了上学路上的符号

活动过程：

一、请幼儿拿到自己的学习单并分享自己的调查结果，鼓励幼儿用清楚的语言表达自己对符号的认识

1. 你的学习单上都记录了哪些符号？能给大家介绍一下吗？
2. 你能在这些图片中找到你记录过的符号吗？
3. 这些符号曾经在哪里出现过？它对我们有什么帮助呢？

二、出示图片，理解其含义

1. 看一看，画面上的人发生了什么事情？想一想，发生这些事应该用什么符号来表示？（可引导幼儿先观察画面上人物发生的事件，再找出对应的符号）
2. 这些符号的颜色和图案有什么特点？

三、教师和幼儿共同概括画面上符号的名称和所表达的意思

1. 这些符号的名字是什么？它们是怎么提示和帮助我们的？
2. 你在什么时候、什么地方需要找符号来帮忙？

活动 8：上学路上的建筑
（龙洲湾通州公园大门）（社会）

活动目标：

1. 能仔细观察大门的外形特征，并能用积木搭建出基本形态。
2. 绘制大门图纸，并按图纸进行搭建。

活动准备： 公园大门的图片

活动过程：

一、观察

1. 这个公园的大门有什么特别之处？
2. 整体呈什么形状？由几个主体建筑构成？

二、计划、绘制图纸

请根据你们观察到的绘制设计图，列出搭建计划，要在计划中说明不同部分用什么形状的积木搭建。

三、介绍区域规则及要求

按照计划活动；和同伴商量再分工合作；建构区的小朋友搭建完成后可以把自己搭建的作品画下来，然后跟大家分享；其他组也可以结束后把今天遇到的问题和解决方法记录下来。

四、幼儿活动

幼儿进入活动区自主活动，教师观察指导。

五、评价

1. 重点评价建构区：
   （1）搭建的小朋友介绍自己的作品。

（2）其他组的幼儿提出自己的想法：你们用到了哪些形状的积木？分别搭建了哪些部分？你们用了哪些搭建技巧？请来分享一下你们的作品。

2. 其他区域分组小结评价：
（1）今天你们遇到了什么问题？
（2）怎么解决的？

活动9：绘制"月亮餐馆"的店招（美术）

活动目标：

1. 认识店铺的招牌，理解店名表达的意义。
2. 尝试集体设计并绘制"月亮餐馆"的店铺招牌。

活动准备： 颜料、KT板

活动过程：

一、教师引导幼儿欣赏各种店铺的招牌

1. 猜一猜这是什么店的招牌？
2. 你从哪里看出来的？

小结：招牌上有一个店的名字，颜色会和它里面卖的东西有关系。

二、讨论"月亮餐馆"的招牌

1. 这是我们昨天一起商定的新餐馆的名字，现在我们需要设计一个招牌，大家觉得怎么设计才能让别人一下子就能看出是月亮餐馆呢？
2. 符号可以用什么图案？
3. 由谁来写招牌？

三、幼儿分组讨论设计，教师指导

四、展示每个小组设计的招牌，评价。

1. 大家觉得他们绘制的店铺招牌怎么样？
2. 还有什么地方需要改进？

活动10：《上学歌》（艺术）

活动目标：

1. 学唱歌曲，感受歌曲欢快、愉悦的情绪，表现上学的愉快心情。
2. 和同伴一起尝试用多种方式表现歌曲。

活动准备：PPT、纸、笔

活动过程：

一、引出歌曲

仔细听一听，歌曲唱了什么？

二、第一次倾听歌曲录音

你听到了什么？（幼儿边听边快速画出相应的内容：太阳、花儿、小鸟、背着书包的小朋友……）

三、再次欣赏歌曲后，请体会歌曲里的小朋友上学时的心情

四、鼓励幼儿用多种方式演唱

1. 可以边看图谱边一起来唱一唱这首歌曲。
2. 也可以用自己优美的动作边唱边表演。

五、区域活动教案

语言区

名称： 上学路上的新鲜事

新投放材料： 幼儿附近的照片、鱼洞地图、图书

观察与指导要点：

1. 引导幼儿关注自己家附近的照片、地图，促进幼儿倾听与表达。
2. 引导幼儿将看到的内容用画画的方式表达出来。

建构区

名称： 上学路上的发现

新投放材料： 幼儿园周边的特色建筑图片

观察与指导要点：

1. 引导幼儿从多个角度观察建筑外形特点，加深对建筑物的理解。
2. 观察幼儿在建构时遇到的问题或发现，引导幼儿自主解决问题。

美工区

名称： 上学路上的店铺

新投放材料： 幼儿家周边店铺照片、小的纸箱盒、黏土

观察与指导要点：

1. 引导幼儿仔细观察上学路上店铺照片，欣赏店铺的美，运用多种材料大胆创作。
2. 鼓励幼儿用团、搓、揉等方式进行创意制作。
3. 观察幼儿操作情况，适时提供指导意见。

科学区

名称：上学路上的距离

新投放材料：自制巴南鱼洞地图、测量表格、各种测量工具

观察与指导要点：

1. 观察幼儿的测量情况，适时提供指导意见。
2. 引导幼儿尝试用多种测量工具探究测量方法，尝试记录，激发探索欲望。

益智区

名称：建筑的砖

新投放材料：各种建筑的卡片若干、记录表

观察与指导要点：

1. 观察幼儿统计情况，鼓励幼儿及时记录。
2. 引导幼儿运用"双数""十数"等方法进行统计，培养幼儿数数及统计的能力。

体验区

名称：月亮餐馆

新投放材料：面粉、鸡蛋、手套、围裙、电器

观察与指导要点：

观察进区情况，引导幼儿观察进区人数的要求，商量分工，丰富每个角色的职责。

六、亲子活动教案

活动1：和家长一起验证路线图

活动目标：能在家长的带领下完成路线的验证

活动准备：便利贴、记录纸、路线图

活动指导：

小朋友们能自己观察路线图图纸，能在家长的帮助下顺利完成路线的验证，并尝试在便利贴上记录发现的问题。

活动2：亲子自制一道美食

活动目标：能根据步骤图完成美食的制作，尝试自己梳理流程

活动准备：面粉、鸡蛋、白糖、沙拉酱

活动过程：

小朋友们尽量自己操作，家长可以用照片记录小朋友的工作流程，还可以和孩子一起沟通美食制作的方法与技巧。

七、班级环境创设

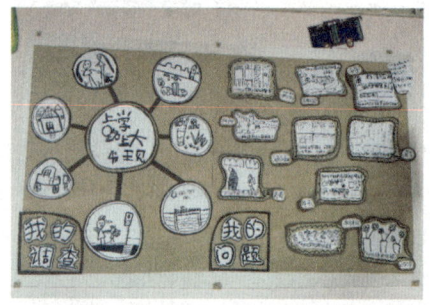

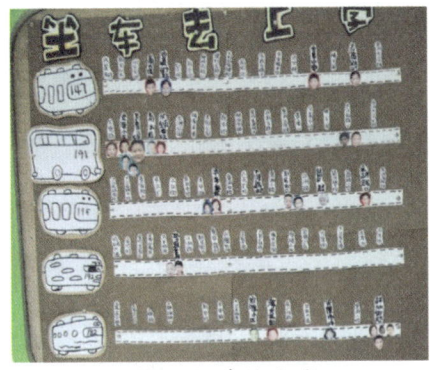

统计：上学的方式　　　　　　收集：路上的符号

案例 7 我的情绪小怪兽

课程说明

> "老师，小帅又发火了！""老师，萌萌哭了，哭得很伤心。"大班每一个孩子都有着丰富的情绪体验，已经能够使用合适的词语描述自己或他人的情绪。
>
> 除了常见的情绪，还有哪些情绪呢？孩子们对"情绪"产生了十万个为什么。"情绪小怪兽"，意味着情绪就是不好的吗？如果没有情绪会怎样？有情绪了，怎么调节？当生气时，会怎么做？正确的做法是什么？怎样让爸爸妈妈不生气呢？
>
> 在《我的情绪小怪兽》课程开展过程中，孩子们通过查阅资料，亲身体验增加情绪认知，尝试分析自己和他人情绪反应的原因，了解情绪调节的方法，获得积极的情绪感受，保持良好的情绪状态，为以后能够积极适应小学乃至未来新的环境奠定基础。

一、课程目标

1. 认知情绪，能分析引起某种情绪的原因。
2. 能觉察、反省自己的情绪所引发的不好行为，探索调节情绪的方法。
3. 经常保持愉快、积极的情绪。

二、课程实施路径图或网络图

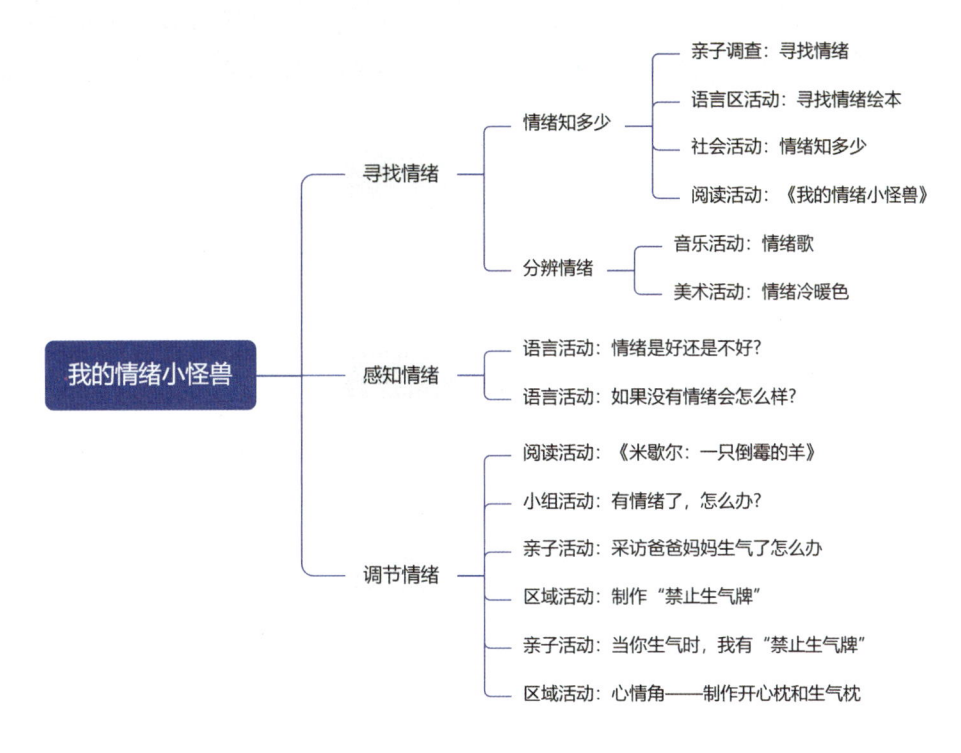

```
                                    ┌─ 亲子调查：寻找情绪
                       ┌─ 情绪知多少 ─┼─ 语言区活动：寻找情绪绘本
                       │             ├─ 社会活动：情绪知多少
            ┌─ 寻找情绪 ┤             └─ 阅读活动：《我的情绪小怪兽》
            │          │
            │          └─ 分辨情绪 ─┬─ 音乐活动：情绪歌
            │                      └─ 美术活动：情绪冷暖色
            │
我的情绪小怪兽 ┼─ 感知情绪 ─┬─ 语言活动：情绪是好还是不好？
            │           └─ 语言活动：如果没有情绪会怎么样？
            │
            │          ┌─ 阅读活动：《米歇尔：一只倒霉的羊》
            │          ├─ 小组活动：有情绪了，怎么办？
            │          ├─ 亲子活动：采访爸爸妈妈生气了怎么办
            └─ 调节情绪 ┼─ 区域活动：制作"禁止生气牌"
                       ├─ 亲子活动：当你生气时，我有"禁止生气牌"
                       └─ 区域活动：心情角——制作开心枕和生气枕
```

大班自主探究课程《我的情绪小怪兽》课程网络图

三、课程计划

活动类别	活动名称
集中教育活动	社会：情绪知多少 阅读：《我的情绪小怪兽》 语言：我生气啦 美术：情绪冷暖色 音乐：情绪歌 语言：情绪好还是不好 语言：如果没有情绪，会怎样 阅读：《米歇尔：一只倒霉的羊》 小组：有情绪了怎么办？

285

续表

活动类别	活动名称
区域活动	1. 语言区：寻找、阅读关于情绪的绘本 2. 心情角：制作开心枕和生气枕、记录我的心情 3. 美工区：制作不生气牌、情绪邮票
亲子活动	1. 寻找情绪 2. 采访家长：当你出现某种情绪时，你怎么办？ 3. 当你生气时，我有"禁止生气牌" 4. 自制我的情绪小书

四、集中教育活动教案

活动1：情绪知多少（社会）

活动目标：

1. 知道人有四种基本的情绪：喜、怒、哀、乐，积累关于情绪的词汇。
2. 能根据不同的表情分辨情绪。
3. 感受不同的情绪。

活动准备：幼儿的调查问卷表、不同表情脸谱

活动过程：

一、回顾幼儿的调查

1. 你们发现了哪些情绪？
2. 你们出现过这种情绪吗？什么时候会出现？

小结：原来我们遇到不同的事情，会出现不同的情绪反应。

二、看表情猜情绪

1. 请你们猜一猜这些表情表现了什么情绪。（出示表情脸谱）
2. 你是怎么看出来的？
3. 你开心（生气／伤心／害怕）时是什么样的表情？

小结：不同的情绪会产生不同的表情，所以可以通过表情知道他人的情绪。

三、情绪词语大比拼

1. 你了解到哪些表现情绪的词语？是什么意思？
2. 幼儿说一个，教师展示一个。

附："情绪大调查"调查表

你知道的情绪	当这种情绪出现时，你会有哪些表情及动作	与这个情绪有关的词语

活动2：《我的情绪小怪兽》（阅读）

活动目标：

1. 理解绘本内容，知道不同的情绪可以用不同的颜色表达。
2. 在特定语言情境中，能够用语言、表情、动作，表达快乐、害怕、愤怒、悲伤等情绪。
3. 愿意和亲近的人表达自己的情绪。

活动准备：绘本《我的情绪小怪兽》、图谱、绘本PPT

活动过程：

一、封面导入

今天来了一位新朋友，它的名字叫"情绪小怪兽"，它现在很混乱，它怎么了？我们一起去看一看。

二、阅读绘本，发现不同的颜色代表不同的情绪

（一）集体阅读（P1—P7）

情绪小怪兽为什么感觉怪怪的呀？

小结：原来它有不同的情绪，情绪混在了一起。

（二）自主阅读（P8—P20），感受情绪的不同变化

1. 这些情绪是怎么产生的？
2. 出现了这种情绪（如开心、伤心、生气、害怕）会变成什么颜色？猜一猜为什么是这种颜色。

小结：原来不同的情境会产生不同的情绪，不同的颜色能代表不同的情绪：黄色代表快乐；蓝色代表伤心；红色代表生气；灰色代表害怕；绿色代表平静；粉色代表喜欢。

（三）对比说一说每种情绪的意义

1. 把书末所展示的标有不同颜色的小瓶子和对应颜色的小怪兽的图片，与第一页的五彩小怪兽对比。
2. 你喜欢什么颜色的小怪兽？为什么？

小结：看来大家都喜欢能够带来积极行为的情绪。

三、鼓励幼儿大胆表达自己的情绪

每个人都有情绪，如果能把情绪表达出来，别人会更了解你的想法，可以怎么表达呢？

小结：那我们以后就可以用说出来、写出来、唱出来、画出来的方式大胆表达我们的情绪。

四、活动延伸

制作情绪收集瓶。

活动3：我生气啦（语言）

活动目标：

1. 知道生气时哭、发脾气、扔东西、打人等行为会给自己的身体或他人带来不利的影响。
2. 探索生气时的正确处理方式。
3. 有积极乐观的生活态度。

活动准备：幼儿游戏时的片段

幼儿将自己的想法画下来

活动过程：

一、情境导入

播放幼儿游戏时的片段。萌萌怎么了？（生气了）为什么会生气？

二、辨别生气时行为的对错及原因

她生气时做了什么？（扔玩具、打人、发脾气）

1. 这样做的后果是什么？
2. 你们生气时是怎么做的？这样做对吗？为什么？

小结：看来给自己或别人带来了不好后果的行为是不对的。

三、自主思考：生气了，应该怎么做？

既然我们不能避免生气，那生气了应该怎么做，才会对自己好，也不会影响别人呢？

活动4：情绪冷暖色（美术）

活动目标：

1. 发现事物的冷暖色，体验冷暖色带给人的不同感受。
2. 感知色彩的冷暖，尝试运用冷暖色表达自己的心情。

活动准备： 颜料、纸

活动过程：

一、欣赏冷、暖色人物画像

1. 画中的色彩一样吗？你看到这些色彩有什么感受？

小结：原来颜色能带来不同的感受，红色、黄色会让我们觉得很温暖，称为暖色；蓝色、绿色会让我们觉得很凉快，称为冷色。

2. 画家用冷暖色作画，既表现了画中人物的情绪，也表现了画家当时的情绪。

3. 介绍两幅画的创作背景，介绍画家为什么要使用冷色。（暖色）

二、绘画情绪故事

（一）说一说

1. 你有让你一看到就感到温暖的人吗？你有让你感到温暖的事吗？你有感到不舒服或者觉得冷冷的事情吗？

2. 请你也像画家一样使用暖暖的颜色或者冷冷的颜色，把你的情绪故事画下来。

（二）画一画

1. 自主选择水粉颜色、油画棒、砂纸、彩泥进行创作。
2. 幼儿自选材料组进行操作，教师个别指导。

三、欣赏我们的色彩故事

请幼儿分享自己的作品。

活动 5：情绪歌（音乐）

活动目标：

1. 发现不同的音乐能带来不同的情绪体验。
2. 知道音乐能将消极情绪转变为积极情绪，并运用在日常的生活中。
3. 感受中国乐器演奏之美。

活动准备：

音乐《庆功天仙曲》《二泉映月》《梁山伯与祝英台》《太阳出来喜洋洋》《百鸟朝凤》

活动过程：

一、音乐导入

1. 播放《庆功天仙曲》。
2. 今天老师带来了一首好听的音乐，我们一起来听一听。
3. 这首音乐带给你们什么感觉？

小结：原来音乐可以影响我们的情绪。

二、欣赏音乐，感受音乐带来的情绪体验

（一）播放《二泉映月》《梁山伯与祝英台》

1. 猜猜是什么乐器演奏的。
2. 听到这两首音乐，你想到了什么？

小结：这两首二胡曲演奏出来的很舒缓的音乐让我们的情绪也变得很低落。

（二）播放《太阳出来喜洋洋》《百鸟朝凤》

1. 这又是什么乐器演奏的？
2. 听到这两首音乐，你又想到了什么？

小结：原来欢快的音乐能让伤心的人变得高兴起来，看来音乐有调节情绪的作用。

（三）说一说音乐对情绪的调节作用

你们觉得音乐可以调节情绪吗？怎么调节？

小结：当我们生气、害怕、难过的时候，就可以播放自己喜欢的音乐调节情绪。

活动 6：情绪好还是不好（语言）

活动目标：

1. 结合自己的生活经验，能大胆发表自己的想法，并接纳与自己不同的想法。
2. 认识积极情绪和消极情绪。
3. 有辩证思维。

活动准备：《我的情绪小怪兽》绘本、纸、笔

活动过程：

一、回顾导入

1. 集体阅读绘本，回忆绘本内容。
2. 情绪被称为小怪兽，那情绪就一定是不好的吗？为什么？

小结：看来大家都有了自己的想法。

二、鼓励幼儿表达自己的想法

1. 引导幼儿用纸和笔将自己的想法画下来。
2. 分享自己的想法，并且接纳与自己不同的想法。
3. 你的想法是什么？为什么？

小结：每一个小朋友都有自己的见解，有的认为情绪好，有的认为情绪又好又不好，还有的认为情绪不好。

三、认识积极情绪和消极情绪

1. 认为情绪好的小朋友看到了情绪能给我们带来好的行为，这种情绪就叫积极情绪，那哪些是积极情绪呢？
2. 带来不好行为的情绪就是消极情绪，哪些情绪又是消极情绪呢？

四、活动延伸

用统计表整理对情绪持不同想法的幼儿人数。

活动 7：如果没有情绪（语言）

活动目标：

1. 发现情绪的重要性，知道每一种情绪都有存在的必要和价值。
2. 尝试运用色彩、绘画的方式表达自己的想法。

活动准备：纸、笔、"情绪好还是不好"的统计结果

活动过程：

一、回顾导入

1. 出示"情绪好还是不好"的统计结果。
2. 上次我们将"情绪好还是不好"的数据进行了整理，我们一起来看一看。

小结：看来，大部分的小朋友都认为情绪又好又不好，这是辩证地看待事物的一种方法。

二、情境体验：如果没有情绪，会怎样

1. 接下来，我们来玩一个游戏，不管发生什么事情，都不能有情绪。

(1) 创设游戏情绪——变魔术。
(2) 创设游戏情境——送礼物。
(3) 创设游戏情境——突然被别人踩了一脚。
……

2. 当你们听到老师说"不能有情绪",你们的感受是怎样的?
3. 待个别幼儿表达观点后,请幼儿将自己的感受用绘画的方式画下来。

三、分享自己的想法

小结:看来情绪对我们来说很重要,不同的情绪体验让我们的每一天都丰富多彩。

活动8:《米歇尔:一只倒霉的羊》(阅读)

活动目标:

1. 仔细观察画面,能用"虽然……但是……"之类表示转折的关联词讲述幸运的事。
2. 知道生活中倒霉的事情用积极的情绪面对会变成幸运的事情。
3. 萌发辩证的思维。

活动准备:绘本、PPT、纸、笔、订书机

活动过程:

一、谈话导入:回顾绘本,大胆讲述

引导幼儿用"他想干什么,结果怎么样"的句式回顾讲述米歇尔发生的倒霉事。

小结:米歇尔不管想去干什么,却总不能如愿以偿,他肯定觉得自己太倒霉了。

二、自主阅读

米歇尔真的很倒霉吗？有没有幸运的事情？

小结：原来看似倒霉的事情，也会成为很幸运的事情。

三、完整阅读

幼儿翻书，教师讲述。

小结：看来很多事情都有两面性，如果我们用积极乐观的情绪来面对，也许倒霉的事情可能会变成幸运的事情。

四、绘画故事小书：我的幸运故事

在你的生活中有没有遇到本来倒霉的、不开心、很生气的事情到后来却变成幸运的、开心的、高兴的事情呢？我们可以把这样的经历画下来，整理成一本故事小书。

五、活动延伸

分小组自制图书。

活动9：有情绪了，怎么办？（小组活动）

活动目标：

1. 通过查阅资料、采访等方式了解调节情绪的方法。
2. 能自主绘制采访单、记录单，小组尝试资料的收集与整理，并分工绘制海报。
3. 当情绪来了，有觉察的意识。

活动准备：纸、笔

活动过程：

一、谈话导入

让你困扰的情绪是什么？当它出现时，你会怎么做？

小结：是的，情绪很重要，情绪分为积极情绪和消极情绪。当不良情绪出现时，有时会令我们困扰，产生不好的后果。

二、讨论寻找调节情绪的方法

1. 当我们生气（开心、伤心、害怕）时，应该怎么做呢？
2. 除了这些方法，还有其他的方法吗？我们怎么寻找到其他的方法？
3. 大家提到了上网查阅、翻书查阅、咨询家长或医生的方法，那如何记录你们的结果呢？

三、幼儿绘制记录单

（一）分享幼儿的记录单

大家觉得他的表格设计得怎么样？可以完整记录结果吗？

（二）幼儿调整记录单

大家看一看自己的记录单是否有需要调整的地方。

四、分组活动

1. 幼儿根据情绪分组，自主选择小组。
2. 回家用自己的方法进行自主调查并记录。

五、分组整理资料，并制作情绪调节海报

小组绘制的海报

五、亲子活动教案

活动 1：寻找情绪

活动目标：寻找情绪，积累关于情绪的词汇

活动准备：调查问卷表

实施建议：

1. 引导幼儿回顾自己和家人出现的各种情绪，并用绘画的方式记录下来。
2. 家长和幼儿一起查阅关于每种情绪的词语。

活动 2：采访家长
当你出现情绪（开心/伤心/生气/害怕）时，你怎么办

活动目标：了解更多调节情绪的方法

活动准备：纸、笔

实施建议：

家长鼓励幼儿根据自己的问题采访每一位家人，并及时记录。

活动 3：当你生气时，我有"禁止生气牌"

活动目标：帮助家人调节生气的情绪

活动准备：禁止生气牌

实施建议：

1. 幼儿告知家长"禁止生气牌"的意义。
2. 当家人生气时，检验"禁止生气牌"的效果，并和幼儿一起调整。
3. 成人经常保持良好的情绪状态，感染和影响幼儿。

活动 4：自制情绪小书

活动目标： 通过自制情绪小书，觉察自己的情绪

活动准备： 自选自制小书的材料

实施建议：

1. 家长和幼儿一起商讨自制小书的款式。
2. 幼儿作画，家长写文字。

幼儿自制的情绪小书

六、各区域投放材料及建议

语言区

名称： 寻找关于情绪的绘本

投放材料：绘本《晴朗的一天》《菲菲生气了》

观察与指导要点：

引导幼儿在绘本里寻找各种情绪以及调节情绪的方法。

美工区

名称：制作"禁止生气牌"

投放材料：过塑机、冰糕棍

观察与指导要点：

1. 引导幼儿先想一想制作一个怎样的"禁止生气牌"才能够让爸爸妈妈不再生气。
2. 请幼儿带材料到幼儿园形成材料库，幼儿自主选择材料进行制作。

心情角

名称1：创设心情角

投放材料：解压玩具、沙发、茶具

观察与指导要点：

1. 引导幼儿先讨论：心情角是一个怎样的环境？
2. 幼儿自主设计。
3. 讨论心情角的玩法。

名称2：记录我的心情

投放材料：瓶子、统计表

观察与指导要点：

1. 幼儿选择代表自己心情颜色的小球，投放在瓶子里。
2. 在统计表上进行标注。

七、环境创设照片

模块四

亲 子 园

案例 "纸"想和你玩

案例 "纸"想和你玩

课程说明

> 在亲子教育活动中，孩子们总是对老师拿的纸很感兴趣，安安说："老师这个纸用来干吗？"悦悦说："我好喜欢这个粉色的纸"……家长也常常对我们说孩子们平时在家里喜欢撕纸、剪纸等等。由此可见，2—3岁孩子对纸非常感兴趣，而且纸在生活中十分常见，非常贴近幼儿的生活，它具有趣味性、可操作性、多变性的特点，看似普通的纸却蕴含着大大的教育价值。于是，我们根据孩子的兴趣开展体验课程——《"纸"想和你玩》。
>
> 通过日常的观察和游戏，孩子们发现：平时在家里用到的纸是软软的，在学校画画或做手工用的纸有软有硬，有厚有薄，有的还会有凹凸感。孩子们通过多种感官和"纸"做游戏，去认识纸、体验纸，了解纸的作用、用途以及玩法，丰富了孩子们的经验，体验了和纸玩的乐趣。
>
> 《"纸"想和你玩》体验课程通过看一看、摸一摸、玩一玩活动，充分调动孩子们的兴趣，让孩子和家长一起体验纸的多种玩法，也引发了孩子们的好奇与探究之心。

一、课程目标

1. 感受不同纸的形态、厚度、软硬程度。

2. 通过看一看、玩一玩、撕一撕、折一折、做一做，了解各种纸的特点。
3. 喜欢和家长一起玩纸的各种游戏。

二、课程实施路径图或网络图

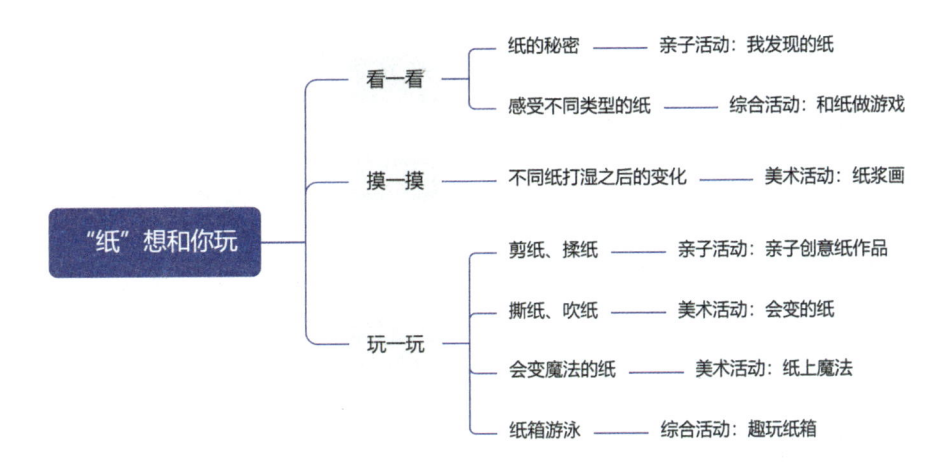

```
                    ┌─ 看一看 ─┬─ 纸的秘密 ──────────── 亲子活动：我发现的纸
                    │          └─ 感受不同类型的纸 ──── 综合活动：和纸做游戏
                    │
"纸"想和你玩 ───────┼─ 摸一摸 ──── 不同纸打湿之后的变化 ── 美术活动：纸浆画
                    │
                    │          ┌─ 剪纸、揉纸 ────────── 亲子活动：亲子创意纸作品
                    │          ├─ 撕纸、吹纸 ────────── 美术活动：会变的纸
                    └─ 玩一玩 ─┼─ 会变魔法的纸 ──────── 美术活动：纸上魔法
                               └─ 纸箱游泳 ──────────── 综合活动：趣玩纸箱
```

亲子园体验课程《"纸"想和你玩》课程网络图

三、课程计划

活动类别	活动名称
集中教育活动	综合：和纸做游戏 美术：会变的纸 美术：纸上魔法 综合：趣玩纸箱 美术：纸浆画
亲子活动	我发现的纸 亲子创意纸作品

303

四、集中教育活动教案

活动1：和纸做游戏（综合）

活动目标：

1. 感受不同的纸，学习折、拧、卷的方法。
2. 尝试用不同的纸创作出作品。
3. 体验和纸做游戏的快乐。

活动准备： 音乐《剪刀石头布》、不同的纸、剪刀、贴纸

活动过程：

一、和纸做游戏：贴贴贴

1. 教师讲规则。
   今天，我们要玩贴纸的游戏，将贴纸贴在家长的身上，宝贝们以最快的速度将家长身上的贴纸全部取下。
2. 孩子参与游戏。

总结：孩子们用跳的方式快速拿下了贴纸，很厉害，有的孩子还和家长一起合作，让家长变矮快速取下，会动脑筋很棒。

二、触觉训练：不同的纸

1. 介绍不同的纸：皱纹纸、卡纸、面巾纸、闪光纸，引导幼儿用感官去体验各种纸的不同。
2. 学习折、拧、卷等技能，亲子一起制作手工。
3. 和孩子商量要创作的手工作品，引导幼儿学习折、拧、卷的技能。

三、欣赏作品

请家长和孩子一起说说用了哪些材料做了什么作品。

活动 2：会变的纸（美术）

活动目标：

1. 掌握撕的动作，能将纸撕成碎片。
2. 能用小碎纸创意粘贴成好看的画。
3. 喜欢和同伴一起游戏。

活动准备：A4 纸

活动过程：

一、纸面具游戏：五官小游戏

1. 教师把纸撕成一个小洞，露出嘴巴，再依次撕小洞，露出眼睛、鼻子。
2. 家长和宝宝一起玩。

二、练习撕纸

1. 教师继续撕纸，把纸撕下一个碎片。
   出示两指，撕（强调动作），撕下一片，像什么呀？继续撕，好多小纸片呀，摆一摆。（在卡纸上摆）变出太阳啦，还想变什么呀？
2. 幼儿撕纸，摆一摆，家长观察幼儿操作情况，教师适时个别指导。
   宝宝撕纸的时候，家长学会放手，让孩子自主锻炼手指的力量。摆小纸片的时候，让孩子自己想象，自己探索。
3. 亲子粘贴画。
   宝贝和家长将撕纸摆出的造型粘贴在作品纸上。

三、撒雪花

1. 教师撕雪花。
   纸越变越小，变成了小雪花（向上抛），小朋友们快上来拿纸，我们一起变出更多的雪花吧！

2. 亲子共同撕雪花。
   我们一起把小雪花变得更小。
3. 师幼共同撒雪花。（放音乐）
4. 扫雪。
   小朋友们，玩累了，躺在雪花上，闭上眼睛休息一下。休息好了，我们把雪都扫干净吧。

四、活动结束

今天我们和家长一起用纸玩了纸面具，做了粘贴画，还用小手撕纸、撒雪、扫雪，体验了和纸玩的乐趣，回家继续和家长探索纸的玩法吧。

和小伙伴一起"下雪"　　　　撕纸面具

活动3：纸上魔法（美术）

活动目标：

1. 尝试亲子彩虹科学小实验，感受不同纸上彩虹的变化。
2. 大胆绘画，体验在宣纸上晕染开花的神奇。
3. 感受亲子创作的快乐。

活动准备： 各种各样的纸、生宣作品纸、水彩笔、棉签、水

活动过程：

一、教师出示不同的纸、水彩笔、水

小朋友们，看看老师今天带来了不同的纸，有的纸上是能够出现彩虹的，有的纸不能出现彩虹。

二、老师示范彩虹科学小实验如何制作

将画好的彩虹放入水中，仔细观察颜色的变化。

三、亲子探索，感受纸上颜色的变化

四、晕染画制作

1. 出示水彩和宣纸。
   这种纸叫宣纸，是可以晕染的纸，看我用水彩笔点上一个点，再用棉签点上一滴水会怎么样呢？
2. 幼儿和家长一起制作晕染画。

五、欣赏作品

你在纸上看到了什么？

晕染作品

活动4：趣玩纸箱（综合）

活动目标：

1. 体验纸箱的各种玩法。
2. 知道红绿灯的规则。
3. 喜欢和纸箱做游戏。

活动准备：纸箱

活动过程：

一、躲猫猫

1. 老师介绍纸箱。

   纸箱有大有小、有厚有薄，纸箱还可以把我们都藏起来，怎么藏起来呢？

2. 做亲子游戏，了解藏起来的含义。

3. 幼儿和老师一起玩躲猫猫的游戏，宝贝藏，老师找。

4. 多次游戏后，可以家长藏，宝贝找。

二、开车游戏

1. 拆纸箱。

   （1）那箱子还可以怎么玩呢？我们把它拆开来试试。

   （2）拆开纸箱，纸箱变得长长的、宽宽的。它还可以变成一条长长的马路，我们来试试。

2. 亲子时间：铺马路。

3. 变成小司机来开车。

4. 增加红绿灯，在游戏中了解交通规则。

三、游戏结束

我们在游戏中了解了纸箱可以装东西，还可以用来玩。纸箱还有什么玩法？回家可以想一想、玩一玩哦！

活动5：纸浆画（美术）

游戏目标：

1. 能用撕、揉等技能将纸变成纸浆。

2. 了解纸变成纸浆的过程。

3. 体验创意作画的乐趣。

游戏准备： 卫生纸、颜料、盆、水、棒纸

游戏过程：

一、亲子游戏：撕纸

1. 教师示范将卫生纸撕碎。
2. 亲子撕纸。

二、学习制作纸浆

1. 教师播放视频，观看如何制作纸浆。
2. 教师示范：将纸放进盆里，加水，加颜料，揉搓。
3. 亲子制作纸浆。

三、制作纸浆画

1. 一起欣赏纸浆画。
2. 教师讲解注意事项。
   制作时轻拿轻放，放纸浆时可用小手压一压。不要限制孩子作画方式及方法。
3. 家长和孩子一起制作纸浆画。

四、欣赏作品

集体制作纸浆画

五、亲子活动教案

活动1：我发现的纸

活动目标：

1. 了解不同的纸。
2. 发现纸的不同用处。

活动准备： 对纸有初步的了解

活动过程：

一、谈话活动

生活中还有很多纸，你们在哪些地方发现了纸？

二、纸的作用大

你发现的纸有哪些作用？

三、纸的秘密

1. 和爸爸妈妈一起去寻找生活中的纸。
2. 发现纸可以用来做口袋装东西。
3. 发现纸板可以用来画画。
4. 发现纸可以用来写字。

……

活动2：亲子创意纸作品

活动目标：

1. 尝试用不同的纸制作自己喜欢的物品。
2. 体验亲子制作的快乐。

活动准备： 收集各种各样的纸

活动过程：

一、介绍自己收集的纸

你带的是什么纸？什么形状？什么颜色？摸起来感觉怎么样？

二、欣赏名画

我们一起来看看这些作品是什么样的。

三、亲子创作

1. 教师引发幼儿思考：
   我们和家长一起想想纸还可以用来做什么？
2. 亲子创作。

六、班级环境创设

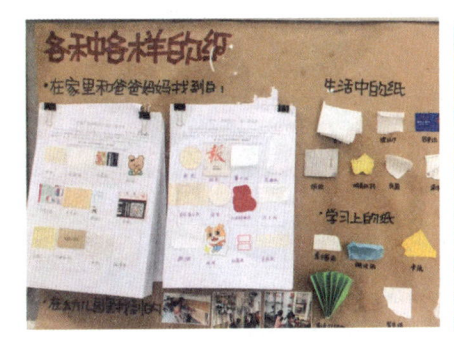